KB014566

헤매는 브랜드 마케터를 위한 실행 가이드

당장 써먹는 틱톡 마케팅

서문

2014년 스냅챗Snapchat은 스토리즈Stories라는 세로 영상 포맷을 선보였습니다. 스토리즈는 여러 장의 사진을 연결하거나, 동영상으로 바로 만들 수 있었습니다. 미국 청년들에게 스토리즈 포맷이 폭발적 인기를 얻자 2016년 페이스북은 자사 서비스인 인스타그램과 페이스북에 이를 100% 모방한 서비스를 도입합니다. 서비스명도 스냅챗과 동일한 '스토리즈'라고 지었습니다. 인기 서비스를 모방하는 전략은 특히 인스타그램에서 성공적이었습니다. 페이스북은 이렇게 자신의 시장 지위를 위협하는 경쟁 서비스를 무력화시키는 방법을 체득합니다. 2021년 페이스북은 기업명을 메타Meta로 바꿉니다.

하지만 메타의 두 번째 서비스 모방 전략은 성공하지 못하고 있습니다. 틱톡의 급격한 성장과 틱톡으로 쏠리는 젊은 층의 콘텐츠 소비 시간을 차단하기 위해 메타는 인스타그램에 릴스Reels라는 모방 서비스를 선보였습니다. 하지만 아직까지 이렇다 할 성과가 없는 상태입니다.

저는 지난 1년 가까이 익사이팅 f(x)를 운영하며 틱톡을 규칙적으로 분석하는 중입니다. 특히 마케팅 사례 소개, 틱톡 알고리즘 특성, 경쟁 서비스의 출현 등을 위주로 살펴보고 있습니다. 2009년부터 블로그 '베를린로그'를 운영하면서 트위터·페이스북 등 다양한 서비스의 성장과 진화를 분석해왔지만, 이렇게 단기간에 혁신적인 방식으로 시장에 진입해 전략적으로 매우 중요한 시장 위치를 점유한 서비스는 틱톡이 처음입니다.

틱톡의 놀라운 성장과 혁신 속도를 미국의 실리콘밸리 기업이 따라잡지 못하는 이유는 틱톡의 모기업 바이트댄스ByteDance가 중국에서 이미 수백만 회, 수천만 회 A/B 테스트를 거친 추천 알고리즘과 서비스 기능을 제공하고 있기 때문입니다.

틱톡은 더 이상 춤추는 10대의 공간이 아닙니다. 이제 틱톡은 Z세대뿐 아니라 밀레니얼 세대, 40대까지 아우를 수 있는 주요 마케팅 채널로 성장하고 있습니다.

물론 아직까지 다수의 브랜드 마케터에게 틱톡은 쉽지 않은 서비스입니다. 하지만 브랜드가 틱톡에 가능한 한 빨리 적응하고, 틱톡 계정을 빠르게 활성화시킬수록 이후 브랜드가 가져갈 이익은 커질 것입니다.

틱톡은 카멜레온과 같습니다. 틱톡 알고리즘은 이용자의 다양한 성향에 맞는 영상을 마치 카멜레온처럼 추천해주며, 틱톡 앱에 매우 오랫동안 머무르게 만듭니다.

틱톡은 롤러코스터와 같습니다. 지금까지 경험해보지 못한 흥미로움을 선사합니다. 틱톡 영상을 아래로 계속 스크롤하면 할수록 새로운 음악과 새로운 정보를 만나게 됩니다.

만약 당신이 브랜드 마케터로서 유기적 도달Organic Reach과 상대적으로 저렴한 CPM[1] 광고, 그리고 적극적인 이용자 커뮤니티와 바이럴이 중요하다면 틱톡 마케팅을 반드시 진행해야 합니다.

대신 틱톡에서 유의미한 성과를 내기 위해서는 도움이 필요합니다. 이 책은 브랜드가 틱톡 마케팅을 성공적으로 진행할 수 있는 전략을 소개하고 있습니다. 틱톡이 브랜드에 제공하는 기회를 놓치지 마시길 바랍니다.

1. Cost Per Mille. 1000회 노출당 비용.

차례

서문 2

PART 1 왜 틱톡인가?

1장. 틱톡의 작동 방식, 추천 피드 18

TIP. 틱톡의 경쟁력: 콘텐츠 그래프와 마법의 분류 모자
TIP. 틱톡 추천 알고리즘은 어떻게 작동할까?

2장. 틱톡 운영 전 브랜드가 알아야 할 점 27

TIP. 인스타그램 브랜드 계정을 잘 운영 중인데, 굳이 틱톡을 추가할 필요가 있을까요?

3장. 브랜드 마케터가 알아야 할 틱톡의 6가지 특징 33

1. 틱톡의 폭발성과 유동성을 이해하며 운영하자
2. 틱톡 알고리즘은 좋은 콘텐츠를 후원한다
3. 틱톡은 브랜드와 직접 대화한다
4. 틱톡 이용자 커뮤니티는 창의적이고 역동적이다
5. 음악은 틱톡 성공의 결정적 요소다
6. 틱톡의 공유 기능을 적극 활용해야 한다

4장. 브랜드 마케터가 틱톡에 대해 잘못 알고 있는 7가지 40

1. 틱톡에서 브랜드가 효과적으로 구매 전환을 실현할 수 있을까요?
2. 틱톡 이용자는 너무 젊습니다. 우리 브랜드와 어울리지 않아요
3. 틱톡의 영상 트래픽과 팔로워가 브랜드에 도움이 될까요?
4. 임원들이 틱톡 마케팅에 생소함을 느끼고, 거부감을 보여요
5. 틱톡 마케팅을 새로 하는 데는 너무 큰 비용이 들어요
6. 틱톡 광고, 과연 효과가 있을까요?
7. 틱톡의 개인 정보 보호, 믿을 수 있을까요?

5장. 브랜드 마케터가 알아야 할 틱톡 법률 상식 7가지 49

1. 틱톡 모회사가 중국 기업이라는 점은 걱정할만한 수준인가요?
2. 제삼자가 틱톡 데이터에 접근할 수 없다는 이야기인가요?
3. 중국 관련 콘텐츠에 대한 검열은 사실인가요?
4. 개인 정보 보호 관련 브랜드가 해야 할 조치는 무엇인가요?
5. 틱톡 운영 시 주의해야 할 저작권 또는 법 조항은 무엇인가요?
6. 듀엣, 이어 찍기 포맷에서 법적으로 주의할 점은 무엇인가요?
7. 영상의 음악이나 사운드 관련 저작권은 어떻게 해결해야 하나요?

PART 2 브랜드의 틱톡 운영 전략

3가지 축: 브랜드 채널 운영-크리에이터 협업-광고 집행

장기 운영 전략이냐, 1회성 광고캠페인이냐

1장. 유기적 브랜드 계정 운영 전략 63

목표와 전략 세우기

TIP. 틱톡에서 작동하는 것과 작동하지 않는 것

브랜딩 하기

브랜드와 콘텐츠의 균형 찾기

구매 전환 유도하기

리드 생성하기

틱톡 추천 피드 공략하기

- 이용자 참여율 / 재생 시간과 반복 재생 수 / 최적의 발행 시간 / 공유와 동영상 저장 / 발행 위치 / 편집 효과, 해시태그, 음악

TIP. 틱톡 추천 피드 공략 체크리스트

틱톡 영상 포맷과 영상 편집기
- 인피드 영상 / 듀엣, 이어 찍기, 리액션 영상 / 재생 목록 또는 플레이리스트 / 라이브 / Aa 텍스트: 카피 / 해시태그 / 틱톡 음악 선곡
영상 아이디어
TIP. 틱톡 댓글 마케팅이란?

2장. 크리에이터 마케팅 115

크리에이터 마케팅 종류
인스타그램 인플루언서 마케팅과 틱톡 크리에이터 마케팅의 차이점
크리에이터 마케팅의 KPI는 어떻게 잡아야 할까?
TIP. 틱톡 계정 영상의 중간값 계산하는 법
TIP. 크리에이터 협업 시 체크리스트
협업 영상에 대한 브리핑 작성법
TIP. 브리핑 문서 작성 예시
틱톡 크리에이터 마케팅 사례 살펴보기

3장. 틱톡 광고 집행하기

3장. 틱톡 광고 집행하기 134

왜 틱톡 광고인가?

틱톡 광고 형식

- 인피드 광고 / 스파크 광고 / 브랜드 테이크오버와 톱 뷰 광고 / 브랜드 해시태그 챌린지 / 브랜드 효과

광고캠페인 시작하기

TIP. 틱톡 픽셀 활용하기

TIP. 리드 생성 광고캠페인 성공 방법

광고 입찰 방법

- CPM / oCPM / CPC / CPV

광고 그룹 설정하기

- 프로모션 유형 / 게재 위치 / 크리에이티브 유형 / 타겟 / 예산 및 일정 / 입찰 및 최적화

광고 제출

좋은 틱톡 광고의 특징

보고서 생성

TIP. 틱톡 광고에서 피해야 할 2가지 실수

PART 3 틱톡 브랜드 전략 실행 기획서 작성하기

1장. 틱톡 브랜드 전략 실행 기획서 템플릿 177

2장. 틱톡 브랜드 전략 실행의 마일스톤 살펴보기 182

1. KPI 목표 설정하기

- 커뮤니티 빌딩 / 브랜드 빌딩 / 퍼포먼스

2. 첫 번째 광고캠페인 및 테스트

3. 크리에이터 협업 전략 시작

4. 하울 캠페인의 실패 이유 분석

5. 새로운 하울 캠페인 진행

6. AAA 틱톡 패션 위크 진행

7. 브랜드 마케팅 팀 구성 조정

8. 새로운 KPI 구축

PART 4 브랜드 마케팅에서 틱톡 및 숏폼 영상의 가치

틱톡이 가져온 소셜 미디어의 구조적 변화 200

페이스북의 틱톡화

1

왜 틱톡인가?

2021년 7월 전세계적으로 30억 다운로드를 기록한 틱톡은
미국에서 이미 유튜브 이용시간을 뛰어 넘었습니다.
한국에서도 틱톡의 이용률은 가파르게 상승 중입니다.
브랜드 마케터가 틱톡에 주목해야하는 이유는 틱톡을 통해
광고와 마케팅을 한 브랜드가 예상치 못한 도달률과
구매 전환을 통해 브랜드 가치를 올렸다는 점에 있습니다.
왜 틱톡인가! 함께 살펴볼까요?

● 이 책에서 틱톡의 역사를 자세히 설명할 필요는 없을 것 같습니다. 틱톡은 이미 여러 기업의 중요한 마케팅 채널로 사용되고 있습니다. 〈뉴욕타임스〉는 2021년 12월 21일 "저 재미있는 틱톡 영상? 그거 사실은 광고야(That Fun TikTok Video? It's Actually an Ad)"라는 기사[2]에서 2020년에는 트럼프 행정부와 틱톡의 긴장 관계로 인해 미국 기업들이 틱톡 마케팅을 주저했다면, 2021년은 봇물 터지듯 틱톡으로 달려간 해로 기록하고 있습니다.

〈뉴욕타임스〉 기사에 따르면 광고 영상을 틱톡 영상처럼 만든 브랜드가 예상치 못한 도달률과 구매 전환에 큰 만족감을 보이고 있다고 합니다. 아울러 이 기사는 미국의 젊은 소비자들이 상업 방송에 등을 돌리고 소셜 미디어를 즐겨 사용하면서 미국 광고주들이 TV 홈쇼핑 채널처럼 이용자가 브랜드 판매 영상을 건너뛰지 않고 그 자체로 즐길 수 있는 대체품을 소셜 미디어에서 찾는 중이라고 전했습니다. 그리고 마침내 이 대체품을 틱톡에서 찾았다고 분석합니다.

틱톡에서 브랜드 마케팅의 성공 사례는 점점 더 늘어나는 중입니다. 이제 브랜드 마케팅에서 틱톡 플랫폼을 무시하기 어려워졌습니다.

2. https://nyti.ms/3Jjo1gj

"That Fun TikTok Video? It's Actually an Ad", 뉴욕타임스.

미국에서는 이미 유튜브 이용 시간을 넘어선 틱톡

현재 틱톡의 이용자 규모와 이용 시간은 어느 정도일까요? 통계를 한 번 살펴보겠습니다. 앱 애니App Annie의 연구 자료[3]에 따르면 한국의 경우 2019년 12월 대비 2021년 5월 틱톡 이용 시간이 2배 이상 증가해 월평균 13.8시간을 기록했습니다. 같은 기간 미국은 월평균 틱톡 이용 시간이 24.5시간이었습니다. 반면 미국 이용자의 유튜브 이용 시간은 22시간입니다.

틱톡 앱은 2021년 7월 13일 기준 30억 다운로드를 기록했습니다. 게임 앱을 제외하면 30억 다운로드 돌파는 다섯 번째입

3. https://bit.ly/3JmudnJ

니다. 틱톡보다 앞선 4개의 앱은 페이스북, 왓츠앱, 페이스북 메신저, 인스타그램으로 모두 메타에서 제공하는 서비스였습니다. 앱애니에 따르면 2021년 9월 틱톡의 월간 활성 사용자MAU는 10억 명에 도달했고, 2022년에는 이 수치가 15억 명에 이를 것으로 전망합니다.

틱톡 서비스를 10대의 전유물로 간주하는 경우도 있습니다. 넘쳐나는 립싱크 댄스 영상과 장난기 가득한 영상을 그 근거로 제시합니다. 하지만 오판입니다. 2020년 틱톡 한국 이용자 중 만 13세부터 17세 이용자 비율은 41%였습니다. 그러나 이 수치는 2021년 20%로 크게 줄었습니다. 반면 만 18세부터 24세의 이용자 비율이 2020년 24%에서 2021년 32%로 증가했습니다. 또한 2020년 만 25세부터 34세까지의 이용자는 16%, 만 35세에서 44세까지는 14%를 차지했는데, 2021년에는 이 수치가 각각 21%와 16%로 늘었습니다. 요약하면 틱톡 한국 이용자 중 만 18세부터 34세의 비율이 2021년 기준 53%에 달한다는 뜻입니다.

이미 틱톡은 10대의 전유물이 아닙니다. 그리고 보다 많은 20대와 30대 이용자가 틱톡으로 몰려드는 것은 시간문제입니다. 틱톡은 인스타그램처럼 작고 특정한 이용자 집단에서 시작했지만 현재 거대한 플랫폼으로 성장했습니다. 틱톡은 인스타그램과 비교할 수 없는 성장 속도를 기록하고 있습니다.

The State of Mobile 2021, 앱 애니.

여기서 브랜드 마케터가 주의 깊게 살펴봐야 할 데이터는 월평균 13.8시간(2020년 5월 기준)이라는 틱톡의 매우 긴 이용 시간입니다. 이 이용 시간을 하루 기준으로 나누면 약 28분입니다.

비교하자면, 한국 이용자의 2020년 카카오톡 월평균 이용 시간은 11.1시간입니다. 틱톡이 2021년에도 한국에서 크게 성장한 점을 고려한다면, 이제 한국에서도 틱톡은 가장 중요한 소셜 미디어 채널 중 하나라고 말할 수 있을 것입니다.

1장

틱톡의 작동 방식, 추천 피드

틱톡 앱을 켜본 대다수 사람들은 틱톡을 쉽게 멈추지 못한 경험을 갖고 있을 것입니다. 틱톡은 중독성이 강합니다.

그 이유는 첫 번째, 세로 영상 포맷에 있습니다. 세로 포맷은 이용자의 스마트폰 전체 화면을 활용합니다. 예를 들어, 스마트폰에서 유튜브 영상을 보면서는 영상 하단의 댓글을 보거나 댓글을 쓸 수 있습니다. 그러나 틱톡에서는 불가능합니다. 틱톡 영상은 이렇게 이용자의 관심을 100% 집중하게 만듭니다. 인스타그램 스토리즈도 유사합니다.

두 번째, 틱톡 추천 알고리즘이 틱톡 중독성에 결정적 영향을 미칩니다. 틱톡에는 2개의 피드가 존재합니다. 하나는 팔로잉Following이고, 다른 하나는 추천For You입니다. 팔로잉 피드는 틱톡 이용자인 자신이 팔로잉하고 있는 계정의 콘텐츠로 구성됩니다. 그런데 틱톡 이용자가 팔로잉 피드를 이용하는 경우는 매우 적습니다. 대부분은 추천 피드를 이용합니다. 그리고 이 추천 피드가 틱톡이 만든 게임 체인저입니다.

틱톡 앱을 열면 추천 피드가 기본값으로 설정되어 있습니다. 그리고 이 추천 피드에 틱톡 알고리즘이 작동해 이용자에게 최적의 영상을 추천합니다. 또한 이용자와의 상호작용을 통해 이용자가 어떤 영상을 선호하는지 매우 빠르게 학습합니다.

틱톡 알고리즘은 이용자가 영상을 중간에 쓸어 넘기는 경우와 끝까지 시청하는 경우를 식별해 이를 이어지는 랜덤 영상 목록에 반영합니다. 이용자가 고양이 영상을 반복적으로 시청하고 '좋아요'를 표시한다면, 그의 피드에는 고양이 영상의 수가 빠르게 증가합니다. 이때 이용자가 어떤 계정을 팔로잉하느냐는 추천 피드에서 의미가 전혀 없습니다. 참고로 틱톡은 이용자가 영상을 쓸어 넘기지 않을 경우 해당 영상을 무한 반복 재생합니다.

TikTok Tip

틱톡의 경쟁력: 콘텐츠 그래프Content Graph와 마법의 분류 모자

1시간 동안 유튜브를 본다고 했을 때, 여러분은 평균 몇 개의 동영상을 보게 될까요? 유튜브 동영상 한 편의 평균 시청 지속 시간은 5~8분입니다. 그렇다면 1시간에 볼 수 있는 유튜브 동영상 수는 10개 정도로 예측할 수 있습니다.

반면 틱톡 영상의 길이는 대부분 15초입니다. 60초 길이 동영상도 가끔 있습니다. 이 기준으로 1시간 동안 틱톡에서 소비할 수 있는 영상 수는 최소 60개에서 최대 240개가 됩니다. 이용자가 많은 수의 영상을 소비할수록 알고리즘은 이용자의 취향을 더 효과적으로 분석할 수 있습니다. 기계 학습용 훈련 데이터Training Data Set가 풍부하기 때문입니다.

팔로잉-팔로워 구조를 소셜 그래프Social Graph라고 합니다. 트위터, 페이스북, 인스타그램의 피드는 소셜 그래프를 바탕으로 구성됩니다. 그러다 보니 자신이 팔로잉하는 계정의 콘텐츠를 중심으로 각자의 피드가 구성됩니다. 이때 추천 알고리즘은 팔로잉하는 친구나 페이지가 많을 경우 어떤 포스트를 먼저 보여줄 것인지 결정해줍니다.

반면 틱톡의 추천 피드는 콘텐츠 그래프Content Graph에서 작동합니다. 틱톡의 추천 알고리즘은 개별 이용자의 취향과 흥미를 풍부한 훈련 데이터로 빠르게 분석해 추천 피드를 구성합니다.

소셜 그래프의 추천 알고리즘은 팔로잉-팔로워 구조 위에서 작동하는 이용자와 콘텐츠 사이의 상호작용을 중요하게 여기며, 콘텐츠 그래프의 추천 알고리즘은 이용자와 콘텐츠 사이의 상호작용만 분석 대상으로 삼습니다.

2020년 7월 틱톡 추천 알고리즘의 기본 작동 원리를 담은 문서가 유출[4]되었습니다. 틱톡의 추천 알고리즘은 수많은 인터레스트 그룹 또는 콘텐츠 그룹으로 이용자를 분류합니다. 그렇다고 이용자가 하나의 그룹에 고정되지는 않습니다. 틱톡 영상을 많이 소비하면 소비할 수록 이용자는 하나의 인터레스트 그룹에서 다른 인터레스트 그룹으로 이동하게 됩니다.

Est • 2001

REMAINS of the DAY

Bespoke Observations • 80% fat free

ABOUT BLOG NEWSLETTER ARCHIVE

TikTok and the Sorting Hat

I often describe myself as a cultural determinist, more as a way to differentiate myself from people with other dominant worldviews, though I am not a strict adherent. It's more that in many situations when people ascribe causal power to something other than culture, I'm immediately suspicious.

The 2010's were a fascinating time to follow the consumer tech industry in China. Though I left Hulu in 2011, I still kept in touch with a lot of the team from our satellite Hulu Beijing office, many of whom scattered out to various Chinese tech companies throughout the past decade. On my last visit to the Hulu Beijing office in 2011, I was skeptical any of the new tech companies out of China would ever crack the U.S. market.

TikTok and the Sorting Hat. 출처: eugenewei.com

4. https://bit.ly/3Eov83u

TikTok Tip

틱톡 추천 알고리즘은 어떻게 작동할까?

THE MEDIA EQUATION

How TikTok Reads Your Mind

It's the most successful video app in the world. Our columnist has obtained an internal company document that offers a new level of detail about how the algorithm works.

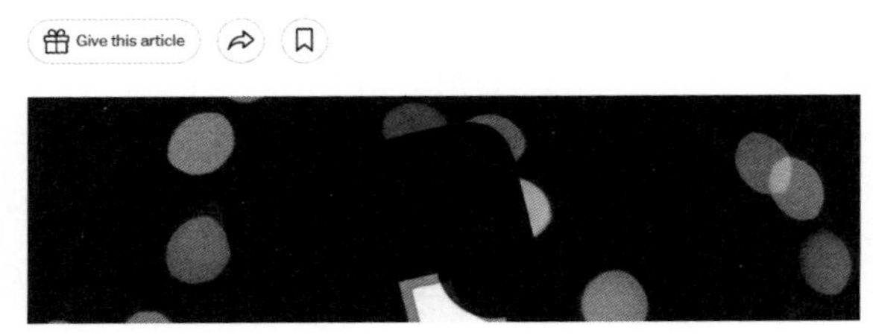

How TikTok Reads Your Mind, 뉴욕타임스.

2021년 12월 5일 〈뉴욕타임스〉는 틱톡 추천 알고리즘의 기본 구조를 공개했습니다.[5]

〈TikTok Algo 101〉이라는 틱톡 내부 문서가 유출되었고, 〈뉴욕타임스〉는 이를 여러 전문가를 통해 분석했습니다. 공개된 알고리즘 공식은 아래와 같습니다. 특정 이용자 A를 위한 추천 알고리즘입니다.

5. https://nyti.ms/3qq6o5Y

$$(Plike \times Vlike) + (Pcomment \times Vcomment) + (EPlaytime \times Vplaytime) + (Pplay \times Vplay)$$

Plike: 이용자 A의 좋아요 수(0 또는 1), ***Vlike:*** 영상 전체 좋아요 수
Pcomment: 이용자 A의 댓글 수(0 또는 1이상), ***Vcomment:*** 영상 전체 댓글 수
EPlaytime: 이용자 A의 재생 시간, ***Vplaytime:*** 영상 전체 재생 시간
Pplay: 이용자 A의 (반복) 재생 수, ***Vplay:*** 영상 전체 (반복) 재생 수

Plike와 ***Pcomment***는 0의 값을 갖는 경우가 많습니다. 따라서 틱톡 추천 알고리즘에서 이용자가 특정 영상에 좋아요를 누르거나 댓글을 다는 경우 해당 영상의 가중치는 매우 크게 증가합니다. 하지만 이용자가 영상을 대부분 수동적으로 소비할 경우 좋아요와 댓글은 해당 이용자의 취향을 분류하는 데 어떤 역할도 할 수 없습니다. 이 부분, 다시 말해 이용자 개인의 참여 수준에 매우 높은 추천 가중치를 부여하고 있는 점이 페이스북, 인스타그램, 유튜브 등과 틱톡의 결정적 차이점입니다. 그러나 재생 시간Playtime과 재생 수Play는 다릅니다. 영상을 중간에 쓸어 넘기지 않고 끝까지 볼 경우, 이 영상을 한 번만 보는 것이 아니라 반복해서 볼 경우 수동적 소비라고 할지라도 영상 가중치는 크게 증가합니다. 여러분이 만든 영상을 틱톡의 추천 피드에서 추천받고 싶다면 끝까지 그리고 반복해서 볼 수 있는 영상을 제작하는 것이 제1원칙입니다.

위 공식에는 또 다른 특징이 있습니다. 팔로워 수가 중요하지 않다는 점입니다. 틱톡 추천 알고리즘은 누구나 새로운 틱톡 스타로 떠오를 가능성을 열어놓고 있습니다. 이제 막 틱톡 계정을 시작한 브랜드 마케터에게도 틱톡 추천 알고리즘은 동일한 기회를 줍니다.

〈TikTok Algo 101〉 문서에는 틱톡 추천 알고리즘의 목표가 설명되어

있습니다. 〈뉴욕타임스〉는 이 내용을 정리해 아래 그림으로 정리했습니다.

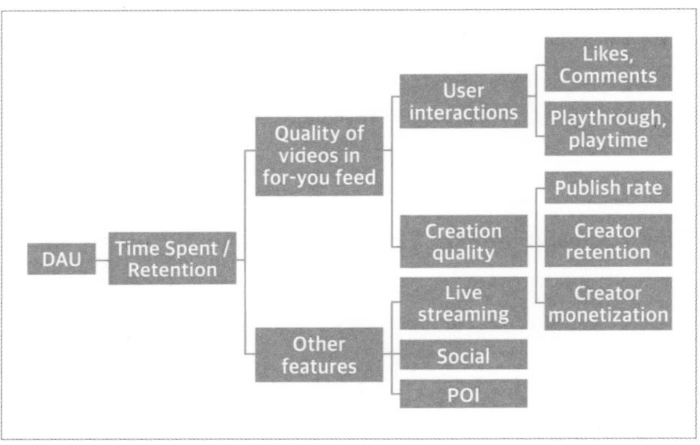

최종 목표는 일별 활동 사용자 수DAU, Daily Active Use[6]를 높이기 위해 이용자의 체류 시간Time Spent과 재방문율Retention을 확장하는 데 있습니다. 이를 위해 틱톡은 크게 4가지 목표를 추구합니다.

이용자 가치, 장기 이용자 가치, 크리에이터 가치, 플랫폼 가치가 그것입니다. 이 목표는 유튜브나 인스타그램과 큰 차이가 없습니다. 체류 시간과 유지율을 늘리는 것은 모든 서비스의 목표이기 때문입니다.

반면 유출된 문서에서 확인한 3가지 특이점도 있습니다. 이는 틱톡 계정을 운영하는 브랜드라면 반드시 알아둬야 합니다.

6. 하루 동안 해당 서비스를 이용한 순수한 이용자 수.

① 이용자가 특정 영상을 보고 해당 계정의 다른 영상도 궁금해서 정주행했다면 틱톡은 same_author_seen이라는 정(+)의 가치를 추가합니다. 그리고 이용자가 다음번에 틱톡을 방문했을 때 해당 계정의 영상을 우선 추천해줍니다.

② 이용자가 특정 영상을 보면 틱톡은 유사 영상을 추천합니다. 이때 이용자가 어떤 영상에서 틱톡 앱을 종료할 경우, 틱톡은 same_tag_today라는 부(-)의 가치를 추가합니다. 특정 영상과 유사 영상 전체가 이 이용자에게 부정 평가를 받는 것입니다.

③ 노골적으로 좋아요와 공유를 요청하는 영상은 like bait로 분류해 부정 평가를 받습니다.

브랜드에서 볼 때 틱톡 추천 알고리즘이 갖고 있는 개인화 특성은 큰 장점입니다. 이 특성 때문에 브랜드 영상도 높은 유기적 도달 수를 얻을 수 있기 때문입니다.

틱톡 알고리즘의 가중치를 고려해 만든 영상은 잠재 고객의 추천 피드에 노출될 수 있습니다. 틱톡은 모든 기업에 동일한 조건을 제공합니다. 틱톡 알고리즘은 이용자의 상호작용을 유발하는 영상 콘텐츠만을 유일한 평가 대상으로 삼고 있기 때문입니다.

팔로워 수가 작아도 지금까지 제작한 영상을 이용자가 정주행한다면 해당 계정의 영상은 이 이용자의 추천 피드에 지속적으로 등장할 가능성이 높습니다. 이것이 브랜드가 틱톡 계정을 운영해야 하는 가장 큰 이유입니다.

2장

틱톡 운영 전 브랜드가 알아야 할 점

그렇다면 틱톡 브랜드 계정을 만들고 영상을 제작해 발행하면 틱톡 추천 알고리즘에 의해 좋은 결과를 기대할 수 있을까요? 온라인 마케팅이 늘 그렇듯 좋은 결과를 내는 것은 쉬운 일이 아닙니다.

브랜드는 마케팅 가용 예산을 고려해 “틱톡에 투자하는 것이 의미 있을까?”라는 질문을 던지기도 하고, “과연 잘할 수 있을까?”라며 틱톡 운영을 아예 유보하기도 합니다.

틱톡 영상은 유튜브 영상과 다른 문법을 가지며 모바일 편집을 원칙으로 하다 보니 상대적으로 제작비가 적게 들어가는 것처럼 보입니다. 하지만 영상 창작은 많은 노력과 창의적 재능이 동시에 필요합니다.

소셜 미디어 마케팅에 비판적 태도를 가지고 있는 마케터는 이렇게 말할 수도 있습니다.

"그래, 높은 도달률과 뷰 수를 만들 순 있겠지. 그런데 이런 수치가 브랜드에 크게 도움을 준 경험이 없어. 특히 Z세대는 상업광고를 매우 싫어한다며?"

이 주장은 부분적으로만 맞습니다. 틱톡 광고 상품으로 일반 상업광고 영상의 도달률을 높이는 것이 브랜드에 줄 수 있는 가치는 매우 작습니다. TV 광고 영상이나 인스타그램에서 볼 수 있는 영상 광고는 오히려 틱톡에서는 부정적 효과를 유발합니다.

그런데 이것은 틱톡 플랫폼이 아니라 브랜드의 잘못된 접근 방식 때문에 생기는 현상입니다. 적지 않은 브랜드가 페이스북과 인스타그램에서 오랫동안 효과적으로 작동했던 콘텐츠를 틱톡으로 옮겨 발행하는 시도를 했습니다. 하지만 대다수가 실패를 경험했습니다. 여기에는 2가지 이유가 있습니다.

첫째, 틱톡 추천 알고리즘은 다른 플랫폼에서 중요하게 평가하는 요소, 즉 이용자 관점에서 보는 콘텐츠의 품질Quality, 관련성Relevance, 진정성Authenticity 그리고 창의성Creativity을 매우 급진적 방식으로 무시하고 새롭게 해석하기 때문입니다. 영상이 이용자 커뮤니티에 의해 수용되지 않는다면 계정의 팔로워는 큰 의미가 없습니다. 재생 수, 좋아요 수, 공유 수 그리고 저장 수는 해당 콘텐츠 자체의 힘으로만 늘어날 수 있습니다.

둘째, 이용자의 지위나 브랜드 계정의 지위가 도달률을 결정하는 것이 아니라 영상 한 편 한 편 자체가 도달률을 결정하기 때문입니다. 틱톡에서 광고처럼 보이는 영상의 유기적 도달률은 대부분 매우 낮습니다.

틱톡에서 성공하기 위해서는 가장 먼저 과거 다른 소셜 미디어에서 진행하던 마케팅 접근법을 버려야 합니다. TV 광고 영상을 그대로 틱톡에 발행하겠다는 무모한 생각을 멈춰야 합니다.

틱톡에선 틱톡 추천 알고리즘을 고려한 새로운 콘텐츠 전략이 필요합니다. 틱톡에서 작동하는 게임의 규칙을 알고 이에 걸맞은 틱톡 콘텐츠 전략을 추진한다면 인스타그램, 페이스북, 유튜브에서 보지 못한 도달률을 경험할 수 있을 것입니다.

TikTok Tip

인스타그램 브랜드 계정을 잘 운영 중인데, 굳이 틱톡을 추가할 필요가 있을까요?

답변하기 쉽지 않은 질문입니다. 인스타그램에서 의미 있는 도달률을 기록한다면, 인스타그램은 쇼핑 기능, 라이브 쇼핑 기능 등 다양한 추가 서비스를 제공할 것입니다.[7] 인스타그램도 다양한 타겟 광고 상품을 제공하고 있으며, 구매 전환에 효율성이 높은 광고 상품도 존재합니다. 그럼에도 불구하고 틱톡 브랜드 계정이 필요한 이유는 다음과 같습니다.

① 틱톡을 활용하면 유기적 도달률이 높아진다

2014년 이후 인스타그램에서 브랜드 계정이 유기적 도달률을 상승시키기는 매우 어렵습니다. 그 때문에 신생 기업이나 규모가 작은 기업은 틱톡이 제공하는 유기적 도달률을 노려보는 것이 좋습니다.

인스타그램의 빅 인플루언서는 콘텐츠가 자신의 수많은 팔로워에게 자동으로 노출되기 때문에 많은 좋아요를 받을 수 있습니다. 평균 30%의 팔로워에게 인스타그램 포스트가 노출되고, 10%의 팔로워에게 스토리가 보입니다.

반면 틱톡은 영상마다 도달률이 달라집니다. 많은 팔로워를 가진 크리에이터가 만든 영상이라도 매우 작은 도달률을 기록할 수 있습니다. 반대로 알려지지 않은 크리에이터의 영상이 수백만 뷰를 이끌어낼

7. 아직까지는 미국에서만 가능하지만, 한국에서도 곧 서비스를 제공할 예정이다.

수도 있습니다. 소셜 미디어의 역사를 볼 때 높은 유기적 도달률이라는 매력적인 기회는 브랜드에 수년에 한 번씩만 열립니다. 브랜드는 이 기회를 잡아야 합니다.

② 경쟁 기업보다 앞선 운영으로 더 좋은 효과를 얻을 수 있다

아직까지 브랜드는 틱톡에서 얼리 어답터 보너스를 받을 수 있고, 이를 통해 경쟁 기업보다 앞설 수 있습니다. 시간이 지나면 틱톡 이용자 집단도 페이스북과 인스타그램처럼 변화할 것입니다만, 아직까지 틱톡 이용자 커뮤니티는 창의적이며 새롭습니다. 2023년까지는 크리에이터와 기업에 틱톡 황금기가 지속될 가능성이 높습니다.

틱톡 추천 알고리즘을 탈 수 있는 영상을 만들고 틱톡 이용자 커뮤니티와 상호작용을 높일 수 있다면, 틱톡은 브랜드에 생각지 못한 거대한 기회를 제공할 것입니다. 틱톡은 성장 속도가 빠릅니다. 이는 역으로 틱톡의 황금기가 오래 지속되지 않을 수 있다는 뜻이기도 합니다. 브랜드도 빠르게 움직여야 그 혜택을 오롯이 받을 수 있습니다.

③ 틱톡에서 인기를 검증한 영상은 다른 채널에서도 효과가 좋다

틱톡은 어떤 영상이 어떤 타겟 그룹에게 작동하는지 사전에 확정하지 않습니다. 15초 길이의 영상으로 타겟 그룹과 상호작용을 매우 빠르게 진행하고 이 결과를 순간순간 반영해 타겟 그룹이 선호하는 영상을 추천합니다. 타겟 그룹이 선호하는 영상 스타일도 고정값이 아닙니다. 따라서 틱톡의 추천 영상 구성은 매우 급진적으로 변화합니다.

틱톡 인플루언서 계정을 살펴보면, 어떤 영상은 수백만 뷰를 기록하지만 바로 옆의 영상은 수십만 뷰나 수만 뷰 수준에 머물고 있는 것을 종종 확인할 수 있습니다. 바로 틱톡 추천 영상의 유연성, 급진적 개방성 때문입니다. 이렇게 많은 테스트를 통해 검증받은 영상이기 때문에 틱톡에서 인기 있는 영상을 인스타그램 릴스나 유튜브 쇼츠에서 보여주면 효과가 나쁘지 않습니다. 물론 틱톡 로고가 없는 영상을 사용해야겠죠.

④ 브랜드 인지도를 빠르게 쌓아 올릴 수 있다

틱톡에서 브랜드 계정을 운영하지 않는다는 것은 경쟁사에 커다란 기회를 양보한다는 뜻입니다. 앞서 설명한 것처럼 틱톡은 Z세대만의 공간이 아닙니다. 틱톡 한국 이용자 중 만 18세부터 34세의 비중은 2021년 53% 수준입니다. 그러나 틱톡처럼 Z세대가 집중된 플랫폼은 없습니다.

독일의 온라인 통계 포털 슈타티스타Statista에 따르면[8] 2021년 10월 기준 인스타그램 이용자 중 만 18세부터 34세 비중은 62.2%, 만 35세 이상 비중은 29.9%입니다. 반면 Z세대의 인스타그램 이용 비중은 8%에 지나지 않습니다. 틱톡은 Z세대만의 플랫폼은 아니지만, 브랜드가 Z세대에 도달하고 싶다면 필수적으로 운영해야 할 플랫폼입니다.

8. https://bit.ly/3pt8IcV

3장

브랜드 마케터가 알아야 할 틱톡의 6가지 특징

틱톡 채널을 운영하기 위해서는 무엇보다 틱톡의 특징을 제대로 알아야 합니다. 6가지 틱톡 특징을 통해 브랜드 틱톡 계정 운영 방향을 잡아보세요.

1. 틱톡의 폭발성과 유동성을 이해하며 운영하자

틱톡 알고리즘이 콘텐츠를 큐레이션하는 방식과 이를 통해 일어나는 바이럴은 틱톡의 가장 큰 장점입니다. 인스타그램 릴스와 유튜브 쇼츠는 틱톡의 영상 포맷을 일대일로 복사했지만, 틱톡의 추천 피드 알고리즘은 복사하지 못했습니다. 그러다 보니 일부 영상의 뷰 수는 상당히 높습니다만, 나머지 경우 틱톡과 큰 차이를 보입니다.

틱톡 영상의 유기적 도달률은 극단적으로 다를 수 있습니다. 영상 하나가 큰 성공을 거두었다고, 나머지 영상도 같은 성공을 거둘 수 있다고 생각해서는 안 됩니다.

틱톡도 이용자가 팔로잉하는 계정의 콘텐츠만 볼 수 있는 [팔로잉 피드]를 제공합니다만, 이 피드를 이용하는 이용자는 많지 않습니다. 브랜드 계정에서 제작한 영상 콘텐츠가 자신의 팔로워에게 도달하는 비율은 약 5%를 넘지 않습니다. 그러나 이 콘텐츠가 추천 피드에 소개된다면 팔로워 규모보다 큰 뷰 수를 기록할 수 있습니다. 그러므로 브랜드는 자신의 영상이 추천 피드에 올라갈 수 있도록 틱톡 알고리즘에 잘 맞춰야 합니다. 또한 영상을 정주행할 수 있는 요소를 영상에 잘 넣어야 합니다. 이용자가 궁금해서 계속 영상을 반복해서 정주행하게 만드는 것이 중요합니다.

2. 틱톡 알고리즘은 좋은 콘텐츠를 후원한다

인스타그램은 이미 확보한 팔로워에 대한 보너스 점수가 있습니다. 같은 수준의 콘텐츠도 인스타그램 팔로워 규모에 따라 도달률이 다릅니다. 반면 지금까지 제작하던 콘텐츠보다 2배의 노력을 들여 새로운 콘텐츠를 만든다고 해도, 기대 효과가 같은 수준으로 증가하지는 않습니다. 틱톡은 다릅니다. 스토리텔링, 필터 이펙트, 음악 선택이 얼마나 훌륭하고 적절한가에 따라 틱톡 뷰는 팔로워 수나 규모에 관계없이 1만 뷰에서 100만 뷰의 차이를 만듭니다.

3. 틱톡은 브랜드와 직접 대화한다

틱톡은 어떤 광고를 어떻게 집행할 것인가, 어떤 해시태그 챌린지를 진행할 것인가 등을 브랜드와 직접 협의합니다.

브랜드의 마케팅 목표에 따라 틱톡으로부터 효율적인 광고 구성에 대한 조언을 받기 바랍니다. 틱톡 광고는 양날의 검입니다. 잘 만든 광고 영상은 다른 플랫폼 대비 저렴한 비용으로 좋은 성적을 낼 수 있습니다. 나아가 틱톡 이용자들이 '따라 찍기'를 한다면 바이럴 효과도 커집니다. 반대로 틱톡의 영상 문법을 제대로 적용하지 못한 광고 영상은 브랜드에 역효과를 줄 수 있습니다. 틱톡 이용자 커뮤니티는 매우 민감합니다. 못 만든 광고에 비판적 태도를 보이는 이용자가 많습니다. 그들은 이 판에서 성공하고 싶다면, 이 판의 문법에 따르라고 합니다.

4. 틱톡 이용자 커뮤니티는 창의적이고 역동적이다

극단적으로 빠른 영상 편집, 틱톡 앱이 제공하는 영상 편집 에디

Bella Poarch's TikTok.

터의 편의성, 따라 찍기, 이어 찍기 등 틱톡 이용자의 다양하고 신속한 상호작용은 틱톡 영상의 재미와 바이럴 가능성을 높입니다.

벨라 포치Bella Poarch는 2020년 4월 틱톡 계정을 열고 같은 해 8월 10초 길이의 틱톡 영상을 발행합니다.[9] 이 영상은 래퍼 밀리 B의 노래를 립싱크 방식으로 흉내 내는 것이었습니다. 단순해 보이지만 틱톡 필터를 이용해 화면을 구성하고, 당시 인기 있던 밀리 B의 곡 'Soph Aspin Send'를 모방할 비트로 선정하면서 단 몇 주 만에 틱톡에서 큰 바이럴이 일어났습니다. 다른 틱톡 이용자들의 따라 찍기, 듀엣 등 변형 영상도 이 영상의 바이럴 효과를 더욱 크게 만들었습니다. 2021년 12월 기준 이 영상은 6억 6000만 뷰를 기록했습니다.

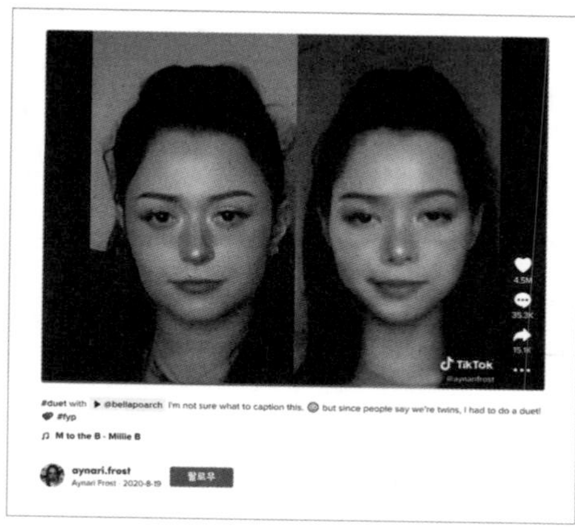

밀리 B의 영상을 커버한 벨라 포치의 영상을 보고 따라 한 듀엣 영상.

벨라 포치의 바이럴 영상에서 주목해야 할 점은 틱톡에서는 한 영상에 바이럴이 일어나면 다른 이용자가 이어 찍기, 듀엣 등의 형식으로 그 인기 영상에 반응한다는 점입니다. 틱톡은 누구나 쉽게 영상에 반응할 수 있는 기능을 제공하고 있습니다. 이렇게 특정 영상에 좋아요, 댓글, 공유뿐 아니라 직접 영상을 제작하며 적극적으로 반응하는 현상을 틱톡 커뮤니티라고 부릅니다.

한 영상이 듀엣 방식으로 다른 틱톡 이용자에 의해 어떻게 창의적으로 발전하는지는 다음의 영상을 살펴보면 알 수 있습니다.[10]

9. https://bit.ly/3Etal9n
10. https://bit.ly/3P22Stb

브랜드 마케터가 틱톡 커뮤니티에 참여하거나 틱톡 커뮤니티를 형성하기 위해 주의해야 할 점이 있습니다. 인쇄용 고급 사진, 4K 영상 또는 전문 스튜디오에서 촬영한 제품 사진 등은 틱톡에서 인기를 얻지 못한다는 사실입니다.

마케터는 틱톡의 트렌드를 알고 틱톡 커뮤니티의 흐름을 파악하는 것이 중요합니다. 꾸준히 인기 있는 틱톡 영상을 소비하고, 어떤 필터나 음악이 유행하는지도 알고 있어야 합니다. 브랜드에서 틱톡 영상을 창작할 때는 틱톡 이용자의 창의성을 잘 참고하고 활용할 수 있어야 합니다.

5. 음악은 틱톡 성공의 결정적 요소다

틱톡 이용자는 믿기 어려울 정도로 영상에 음악과 사운드를 잘 결합합니다. 틱톡 앱에 있는 모바일 영상 편집기로 비트와 톤에 맞춰 영상을 편집합니다. 일이 잘못되었을 때, 어처구니없는 상황과 마주쳤을 때, 말로 표현하기 힘든 슬픈 순간 등을 표현하기 위해 자신만의 비트와 사운드를 사용합니다.

브랜드도 개성 강한 비트나 자체 제작한 사운드를 활용해 영상을 제작하기 시작했습니다. 틱톡에서 브랜드 영상을 제작할 때는 틱톡이 제공하는 음원을 사용하는 데 제한이 있습니다. '틱톡 크리에이티브 센터'에서는 브랜드 영상과 광고 영상을 위해 저작권 문제를 해결한 음원 서비스[11]를 제공하고 있지만, 일반 이용자가 활용할 수 있는 음원의 종류나 수와 비교하면 매우 적습니다. 그 때문에 브랜드가 직접 사운드와 음악을 제작하는 것이 좋습니다. 후킹한 요소가 있는 음원은 브랜드를 새롭게 각인시킬 수 있을 것입니다.

6. 틱톡의 공유 기능을 적극 활용해야 한다

틱톡 영상을 틱톡 앱 외부에서 공유한다면, 틱톡 이용자가 증가할 가능성도 높아집니다. 그렇기 때문에 틱톡 알고리즘은 특정 틱톡 영상의 공유 수가 높을 때 이에 대한 보상을 합니다. 사람들은 틱톡 앱을 설치하지 않고도 브라우저에서 공유받은 틱톡 영상을 즐길 수 있습니다.

틱톡에서 영향력을 확대하고 싶은 브랜드라면 브랜드 영상의 공유를 적극적으로 설계해야 합니다. 틱톡 앱 밖에서도 바이럴이 일어난다면 이는 브랜드에도, 틱톡에도 좋은 일입니다. 그 결과 해당 영상이 추천 피드에 등장할 가능성도 높아집니다.

---

11. https://bit.ly/3pzolQq

4장

브랜드 마케터가 틱톡에 대해 잘못 알고 있는 7가지

브랜드 마케터가 틱톡 마케팅을 주저하는 이유는 틱톡 마케팅 효과에 대한 의심과 잘못된 생각을 갖고 있기 때문입니다. 많은 브랜드 마케터들이 잘못 알고 있는 사항에 대해 설명해드립니다.

1. "틱톡엔 엔터테인먼트 영상이 많아요. 여기서 브랜드가 효과적으로 구매 전환을 실현할 수 있을까요?"

틱톡 해시태그 중 #TikTokMadeMeBuyIt[12]라는 것이 있습니다. 이는 틱톡 영상을 보고 특정 제품을 구매한 경험을 담은 영상에

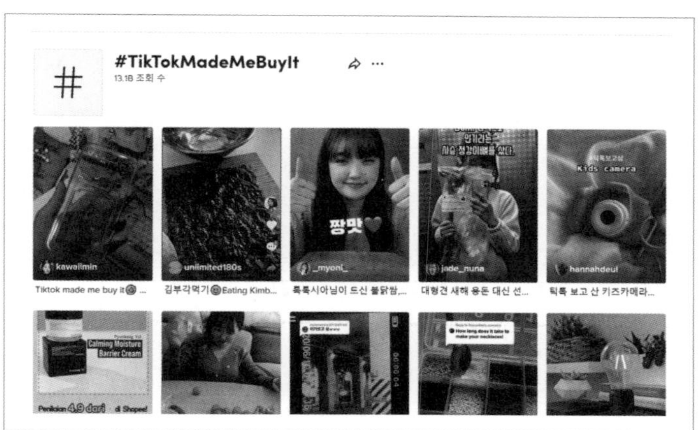

#TikTokMadeMeBuyIt에서 살펴볼 수 있는 다양한 영상.

달린 해시태그입니다. 이 해시태그의 조회 수는 131억 뷰(2022년 5월 기준)를 넘어서고 있습니다. 리뷰, 제품 시연, 먹방, 구매 후기 등 다양한 영상을 통해 사람들은 자신이 원하는 제품의 특성을 파악하고 구입을 결정합니다. 오히려 짧고 임팩트 있기 때문에 구매 전환이 잘 일어날 수 있습니다.

12. https://bit.ly/3FyvBBx 우리나라에서는 #내돈내산 태그와 같은 의미.

2. “틱톡 이용자는 너무 젊습니다. 우리 브랜드와 어울리지 않아요.”

틱톡 이용자의 평균 연령은 갈수록 높아지고 있습니다. 그렇다고 페이스북과 인스타그램처럼 틱톡에서도 젊은 층의 이용도가 크게 줄어들 것이라고 주장하기에는 아직 그 근거가 빈약합니다.

틱톡은 Z세대뿐 아니라 20대 및 30대 이용자가 중심을 이루고 있는 플랫폼입니다. 이는 해시태그를 통해서도 확인할 수 있습니다. 틱톡 해시태그 #cleaning[13], #cleantok[14], #cleaningtiktok[15]은 청소와 관련 있는 다양한 영상을 보여주고 있는데, 각각의 조회 수가 296억 뷰, 366억 뷰, 173억 뷰에 달합니다.(2022년 4월 기준) 세척기, 세탁기, 욕조, 자동차, 수영장 청소 하우 투How To 영상, 클리닝 영상을 보며 리액션 하는 영상[16], 반려묘를 목욕시키는 영상 등 흥미로운 영상이 계속 올라오고 있습니다.

이런 흐름을 반영해 틱톡에는 클린플루언서Cleanfluencers가 존재합니다. 클리닝과 인플루언서를 결합한 말입니다. Allisonscleanin[17]은 클리닝 관련 해시태그를 통해 성공한 브랜드입니다.

---

13. https://bit.ly/3pzw0OG
14. https://bit.ly/3HijoS0
15. https://bit.ly/3qxBHLY
16. https://bit.ly/3FzzaaJ
17. https://bit.ly/3quMWF5

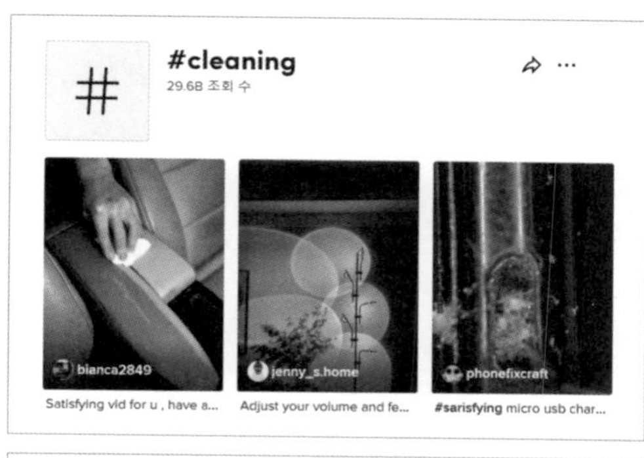

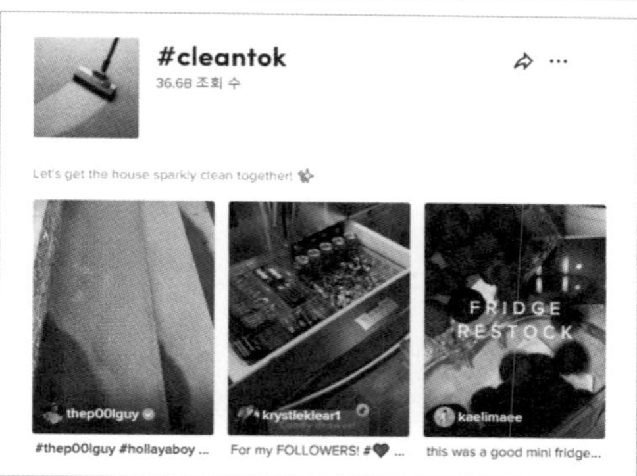

틱톡에서 살펴볼 수 있는
다양한 청소 관련 영상.

클리닝 영상을 보며 리액션하는 영상.

다양한 청소 영상을 올리며 자연스럽게 제품을 소개하고 제품과 청소 노하우를 소개하고 있습니다. 이 외에도 The Pink Stuff, Drill Brush, Bissell Little Green, ColorCoral 등의 브랜드도 클리닝 해시태그를 활용한 틱톡 마케팅을 통해 매출이 늘어난 제품입니다.[18]

3. "틱톡의 영상 트래픽과 팔로워가 브랜드에 도움이 될까요?"

틱톡은 브랜드 인지도를 빠르게 높이는 데 도움을 줍니다. 또한 브랜드와 틱톡 커뮤니티가 결합할 경우 유기적 구매 전환이 발생할

18. https://bit.ly/3ECTd6G

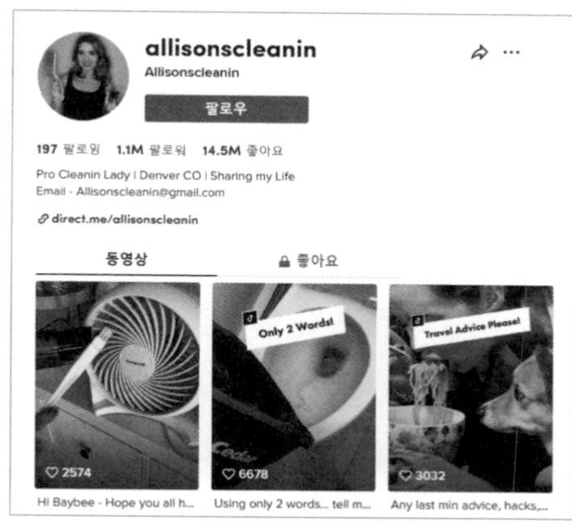

청소 영상과 제품을 소개하며 브랜드를 성공적으로 홍보하고 있는 allisonscleanin 채널.

가능성이 높습니다.

틱톡 프로필에 바이오 링크를 사용하거나 틱톡 광고에 특정 URL을 넣어 틱톡의 트래픽과 팔로워를 브랜드 웹사이트 등으로 이동시킬 수 있습니다. 이때 틱톡의 트래픽과 팔로워는 다른 플랫폼에서처럼 브랜드를 키우는 데 기초 역할을 합니다.

4. "임원들이 틱톡 마케팅에 생소함을 느끼고, 거부감을 보여요."

많은 기업이 틱톡을 주시하고 있지만, 최종 결정은 늦추고 있습니다. 기업 대표나 CMO, 팀장의 걱정과 우려를 줄이는 방법은 틱톡 마케팅의 베스트 사례와 틱톡의 문법을 정확하게 알리는 것입니다.

이 책에서는 우리가 생각하지도 못했던 시장 영역에서 성공한 틱톡 마케팅의 사례를 소개합니다. 또한 틱톡 마케팅 전략의 기본 프레임도 담겨 있습니다.

5. "틱톡 마케팅을 새로 하는 데는 너무 큰 비용이 들어요. 인스타그램, 유튜브 마케팅 문법을 이제 겨우 익혔는데, 또 새로운 플랫폼에 적응하고 효과적인 마케팅을 진행하기가 어렵습니다. 틱톡이라는 새로운 채널, 과연 가치가 있을까요?"

틱톡 브랜드 채널을 신규로 운영하며, 유기적 도달과 광고를 통해 브랜드 마케팅 목표를 이룬다는 것은 쉬운 일이 아닙니다. 하지만 틱톡에는 이를 감수할 만한 충분한 장점이 있습니다.

틱톡 마케팅을 진행하면, 얼리 어답터가 되어 자사의 브랜드를 다른 브랜드보다 빠르게 각인시킬 수 있습니다. 또한 틱톡 마케팅에 쏟은 노력을 인스타그램과 유튜브로 쉽게 확장할 수 있습니다. 현재 숏폼 영상이 폭발적 인기를 얻고 있기 때문입니다.

틱톡은 MZ세대 소비자와 대화하는 새로운 영상 문법을 배울 수 있는 곳입니다. 그렇다고 틱톡 영상을 만들 때 유튜브처럼 대형 스튜디오나 4K 카메라 장비가 필요한 것은 아닙니다.

물론, 효과적인 틱톡 영상을 만들기 위해서는 유튜브하고는 분명하게 다른 노력이 필요합니다. 쉬운 작업은 아니죠. 이 책이 브랜드 마케터를 돕겠습니다.

6. "틱톡 광고, 과연 효과가 있을까요?"

틱톡에서는 광고 없이 유기적 바이럴 영상만으로 큰 효과를 본 브랜드가 많습니다. 2020년 틱톡과 미국 행정부의 갈등으로 인해 많은 기업이 틱톡 마케팅에서 한발 물러서 있었다면, 이 갈등이 해소된 2021년에는 여러 기업이 틱톡에 광고를 집행하고 있습니다.

틱톡 광고의 핵심은 광고 시청 지속 시간에 따라 광고를 기억하는 비율에 차이가 있다는 점입니다. 틱톡의 연구에 따르면,[19] 시청 지속 시간이 6초 미만일 경우 이용자 중 15%가 해당 광고를 기억하는 것으로 나타났습니다. 그리고 시청 지속 시간이 6초에서 20초일 경우 29%, 20초 이상일 경우 40%가 광고를 기억한다고 합니다.

이는 인스타그램 등 다른 소셜 미디어 플랫폼 대비 높은 수치입니다. 숏폼 광고 영상에 대한 몰입감이 높기 때문입니다. 틱톡 광고와 관련해서는 이 책 3부에서 좀 더 자세히 설명할 예정입니다.

---

19. https://bit.ly/3pwQQhr

TECHNOLOGY

U.S. Judge Halts Trump's TikTok Ban, The 2nd Court To Fully Block The Action

December 7, 2020 · 8:36 PM ET

BOBBY ALLYN

A federal judge in Washington has fully blocked the prohibitions the Trump administration sought to enact against the hugely popular video-sharing app.

A federal judge on Monday fully blocked the Trump administration's attempt to ban TikTok in the U.S., the latest defeat in the White House's legal crusade against the video-sharing app.

미국 연방법원의 판결을 소개한 기사.

7. "틱톡의 개인 정보 보호, 믿을 수 있을까요?"

틱톡의 모회사는 중국 기업 바이트댄스입니다. 이런 배경 때문에 틱톡 이용자 정보가 중국 정부로 넘어가고 있다는 루머가 있습니다. 2020년 12월 미국 연방법원은 틱톡 미국 이용자 정보가 중국 정부로 흘러들고 있다는 트럼프 행정부의 주장에 대해 근거 및 증거가 없다고 판결했습니다.[20] 개인 정보 이슈 외에 브랜드 마케터로서 알아야 할 법률 정보는 다음 장에서 자세히 설명드리겠습니다.

20. https://n.pr/32KQk6I

5장

브랜드 마케터가 알아야 할 틱톡 법률 상식 7가지

소셜 미디어 채널을 운영하기 위해서는 각 소셜 미디어의 운영 원칙을 제대로 알고 있어야 합니다. 틱톡도 마찬가지입니다. 특히 틱톡의 경우 모회사가 중국에 있기 때문에 많은 브랜드가 개인 정보 보호 등에 대해 많은 우려를 갖고 있습니다. 틱톡 채널을 운영할 때 알아두어야 할 법률 상식은 다음과 같습니다.

1. "틱톡 모회사가 중국 기업이라는 점, 브랜드 마케터가 걱정할 수준인가요?"

좋은 소식은 서비스 이용자 정보가 제삼자에게 넘어갈 경우, 그에 대한 법적 책임은 전적으로 틱톡과 바이트댄스에 있다는 것입니다. 이미 틱톡 이용자 정보가 중국 정부로 흘러들고 있다는 루머에 대한 증거는 없다는 미국 연방법원의 판결이 나왔습니다. 최악의 경우 그런 일이 벌어진다고 해도 브랜드 계정 운영자에게 법적 책임은 없습니다. 도덕적 책임은 있겠지만 말입니다.

2021년 12월 5일 〈뉴욕타임스〉는 전문가 인터뷰를 통해 틱톡 이용자 정보를 중국 정부가 굳이 필요로 하지 않는다고 보도했습니다.[21] 만약 중국 정부가 미국 이용자 정보에 관심이 있다면 신용카드 기업, 이커머스 기업 등의 이용자 정보를 브로커를 통해 구매하지 틱톡을 통해 얻을 이유가 없기 때문입니다. 더욱이 틱톡 데이터를 분석해 개인 식별 정보를 도출하는 건 매우 어렵습니다.

2. "제삼자가 틱톡 데이터에 접근할 수 없다는 이야기인가요?"

틱톡의 개인 정보 정책을 보면 다음과 같은 조항이 있습니다.[22]

"당사는 본 플랫폼을 제공함에 있어 도움을 주는 제삼자, 즉 클라우드 서비스 제공사 같은 제삼자와 귀하의 정보를 공유합

21. https://nyti.ms/3qq6o5Y
22. https://bit.ly/32vIZbj

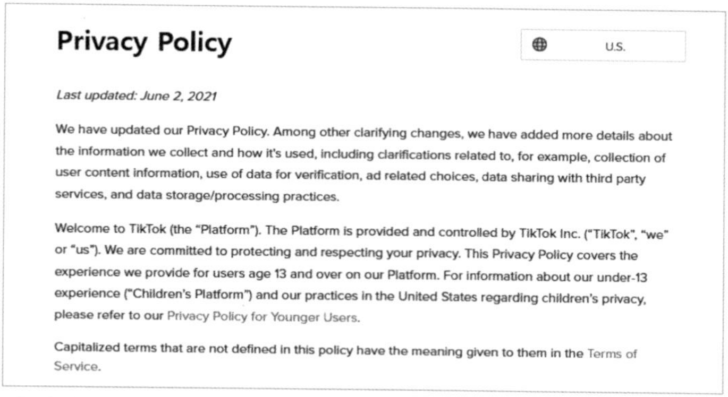

Privacy Policy

U.S.

Last updated: June 2, 2021

We have updated our Privacy Policy. Among other clarifying changes, we have added more details about the information we collect and how it's used, including clarifications related to, for example, collection of user content information, use of data for verification, ad related choices, data sharing with third party services, and data storage/processing practices.

Welcome to TikTok (the "Platform"). The Platform is provided and controlled by TikTok Inc. ("TikTok", "we" or "us"). We are committed to protecting and respecting your privacy. This Privacy Policy covers the experience we provide for users age 13 and over on our Platform. For information about our under-13 experience ("Children's Platform") and our practices in the United States regarding children's privacy, please refer to our Privacy Policy for Younger Users.

Capitalized terms that are not defined in this policy have the meaning given to them in the Terms of Service.

틱톡의 개인 정보 정책.

니다. 또한 당사의 사업 파트너, 틱톡과 동일한 기업집단에 속하는 회사, 콘텐츠 심의 서비스 제공사, 측정 서비스 제공사, 광고주 및 분석 서비스 제공자와 귀하의 정보를 공유합니다. 법률에 따라 요구되는 경우, 당사는 법적으로 구속력 있는 법원 명령에 따라 사법기관, 규제 당국 및 제삼자와 귀하의 정보를 공유합니다."

이 조항은 사실 대부분의 소셜 미디어 서비스 사업자와 같은 수준의 데이터 공유 정책입니다. 다만 "틱톡과 동일한 기업집단에 속하는 회사"에는 바이트댄스도 포함됩니다. 틱톡은 아직까지 이용자 데이터를 모회사와 공유하지 않는다는 입장을 밝히고 있습니다.

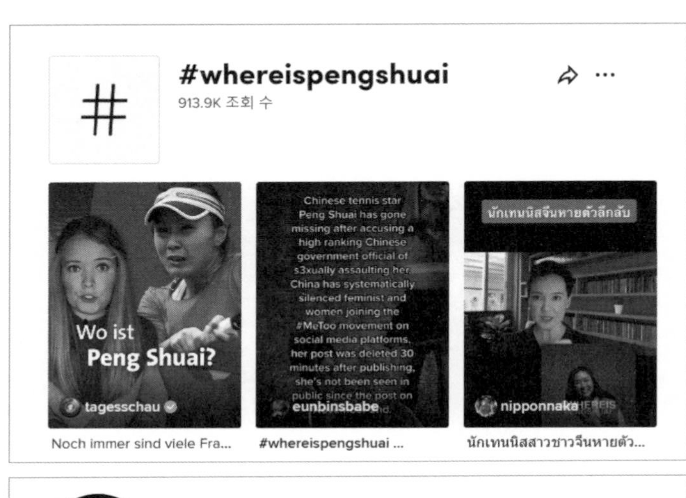

#whereispengshuai 해시태그에 대한 틱톡과 인스타그램 조회 수 비교. (2022년 4월 기준)

3. "중국 관련 콘텐츠에 대한 검열은 사실인가요?"

미국 언론은 2019년과 2020년 틱톡이 중국 정부가 위구르를 탄압하고 있다는 주장을 담은 콘텐츠를 검열하고 있다고 보도했습니다. 이 사건 이후 틱톡은 중국 정부에 대한 비판을 허용하고 있습니다.

예를 들어, 테니스 스타 펑슈아이彭帥가 중국 고위 관료의 미투를 폭로한 이후 실종된 사건에 대해 틱톡에는 #whereispengshuai[23]라는 해시태그가 존재하고 있습니다. 이 해시태그는 약 91만 뷰(2022년 4월 기준)를 기록 중입니다. 이는 인스타그램의 동일한 해시태그[24] 조회 수인 5061뷰(2022년 4월 기준)와 비교할 때 수십 배 많은 수치입니다.

4. "개인 정보 보호 관련 브랜드가 해야 할 조치는 무엇인가요?"

틱톡뿐 아니라 소셜 미디어 마케팅을 진행하는 브랜드의 경우 '소셜 미디어 마케팅 관련 개인 정보 정책'을 수립하고 이를 공개하는 것이 좋습니다. 물론 강제 사항은 아닙니다. 하지만 브랜드 웹사이트가 존재한다면 개인 정보 처리 방침을 의무적으로 공개해야 합니다. 여기에 소셜 미디어 마케팅 관련 개인 정보 정책을 추가해두길 추천합니다.

---

23. https://bit.ly/3qzYcA2
24. https://bit.ly/3FBk9oE

5. "틱톡 영상 업로드 및 발행 시 주의해야 할 저작권 또는 법 조항은 무엇인가요?"

브랜드에서 영상을 직접 제작한다면, 브랜드의 내부 직원을 포함해 영상에 출연하는 모든 사람의 개인 정보 수집·이용 및 초상권 사용에 대한 동의를 얻어야 합니다. 형식은 이메일이나 종이 서명으로 가능합니다. 요즘엔 전자 서명도 많이 이용합니다.

이 외에 브랜드에서 이용자가 제작한 틱톡 영상이나 유튜브 영상을 사용하려 한다면 원제작자의 허락을 받아야 합니다. 이때도 따로 계약서를 작성해 이용 범위, 기간 등을 정해놓는 것이 좋습니다.

6. "틱톡의 듀엣, 이어 찍기 포맷에서 법적으로 주의할 점은 무엇인가요?"

듀엣, 이어 찍기 등 틱톡에는 이른바 협업 영상 제작 기능이 존재합니다. 협업 대상은 다른 이용자의 영상입니다.

틱톡 영상을 발행할 때는 해당 영상에 듀엣, 이어 찍기, 영상 다운로드 등을 허락할 것인지 말 것인지를 선택하는 옵션이 있습니다. 틱톡 저작권 규정[25]을 보면 틱톡 이용자는 이 옵션 선택을 통해 듀엣, 이어 찍기 등에 대한 암묵적 동의나 비동의를 표현한 것으로 간주합니다.

따라서 브랜드는 듀엣, 이어 찍기 등이 가능한 영상을 대상으로 추가 동의 없이 영상을 제작할 수 있습니다. 다만 이렇게 제작한 영상은 인스타그램, 유튜브 등 다른 플랫폼에 업로드할 수 없습니다.

7. "틱톡 영상에서는 음악이나 사운드 선택이 중요하다고 들었습니다. 관련 저작권은 어떻게 해결해야 하나요?"

틱톡에서 제공하는 오디오 라이브러리Audio Library[26]를 활용하면 됩니다. 이곳에서는 저작권 이슈가 해결된 음악만 소개합니다. 음악을 사용할 때는 먼저 해당 음원이 쓰이는 국가를 선택해야 합니다. 한국에서 올리고, 주로 한국인을 대상으로 한다면 'South Korea'를 선택하는 식이죠. 다만 틱톡 오디오 라이브러리에 소개된 음악은 틱톡 플랫폼에서만 저작권을 해결한 것입니다. 이 영상을 인스타그램, 유튜브 등 다른 플랫폼에 업로드할 때는 해당 플랫폼에서도 관련 저작권 이슈가 해결된 것인지 확인해야 합니다. 그렇지 않다면 다른 음악을 입혀서 업로드해야 합니다.

25. https://bit.ly/3eu7TdQ
26. https://bit.ly/3pzolQq

2

브랜드의 틱톡 운영 전략

틱톡에서 브랜드 계정을 효과적으로 운영하기 위해서는 창의적 자원과 시간이 필요합니다. 2부에서는 브랜드가 틱톡 계정을 운영하기 위한 3가지 축을 소개하며, 실제 운영에 필요한 노하우도 함께 공개합니다. 브랜드 채널 운영 방법, 크리에이터 협업 방법, 광고 집행 방법을 통해 자사의 브랜드 틱톡 채널을 강력하게 키워보세요.

● 틱톡에서 활동하는 브랜드 계정을 보면, 초기 영상은 훌륭하나 점차 매력 없는 영상을 업로드하는 계정을 쉽게 찾아볼 수 있습니다. 이유는 간단합니다. 틱톡에서 성공적인 계정을 운영하기 위해선 매번 새롭고 창의적인 영상이어야 하기 때문입니다.

틱톡 브랜드 계정을 효과적으로 운영하기 위해서는 창의적 자원과 시간이 필요합니다. 또한 전략적 고민을 반드시 해야 합니다. 브랜드가 갖고 있는, 또는 가용할 수 있는 자원에 대한 정확한 평가를 바탕으로 최대한 효과 있는 영상을 만들어야 합니다. 브랜드가 틱톡 계정 운영을 위해 알아야 할 3개의 축과 운영 목표를 통해 브랜드 운영 전략의 첫 틀을 잡아보세요.

3가지 축: 브랜드 채널 운영-크리에이터 협업-광고 집행

틱톡 계정 운영은 3개의 축으로 이뤄져야 합니다.

첫째, 브랜드 채널 운영은 담당 직원이 직접 하거나 외부 전문 에이전시에 위탁할 수 있습니다. 또한 틱톡 크리에이터와 협업도 가능합니다. 대다수 브랜드 계정은 인하우스 콘텐츠와 크리에이터 콘텐츠를 믹스하는 방법을 선택하고 있습니다.

브랜드 계정 운영 시 100% 외부에 위탁하는 것은 피해야 합니다. 틱톡 계정 운영 경험을 내부에 축적하고 타겟 이용자와의 접점을 내재화하지 못하면 장기적 운영은 불가능에 가깝기 때문입니다. 위탁할 경우에는 에이전시와 밀착된 커뮤니케이션을 통해 효과적인 운영 방법을 직접 찾아내야 합니다. 운영 시 전략 목표를 어떻게 세워야 할지, 어떤 콘텐츠로 그 목표에 도달할 수 있을지 정확하게 파악하는 것이 중요합니다.

둘째, 브랜드 계정 운영 시 크리에이터 마케팅은 선택이 아니라 필수입니다. 브랜드 콘텐츠가 타겟 이용자에게 효과적으로 도달하기 위해서는 해당 타겟층 및 이미 접점을 형성하고 있는 크리에이터와의 협업이 중요하기 때문입니다. 참고로 틱톡에서는 인플루언서라는 표현보다 크리에이터라는 표현을 사용합니다. 그 이유는 틱톡에서 바이럴이 일어날 때 사람[27]의 영향력보다 콘텐츠가 더 핵심 역할을 하기 때문입니다. 틱톡에서는 팔로잉 피드보다 추천 피드가 더 중요합니다. 크리에이터 마케팅 시 가장 중요한 점은 크리에이터에게 최대한 많은 자율성을 부여해야 한다는 것입니다. 브랜드를 중심에 둔 콘텐츠는 틱톡에서 잘 작동하지 않는다는 것을 명심하세요.

27. 인플루언서.

셋째, 틱톡 타겟층에 도달하기 위한 가장 빠른 방법은 광고입니다. 틱톡 광고는 지속 가능한 수단은 아니지만, 일시적으로 매출을 증대시키거나 브랜드 콘텐츠에 반응하는 이용자의 정보를 확보하는 데 효율성이 높습니다. 다른 소셜 미디어 플랫폼 대비 틱톡 광고의 CPM은 낮은 편에 속합니다. 그러므로 틱톡 광고를 통해 어떤 목표를 달성할 수 있는지, 틱톡 광고를 어떻게 집행해야 하는지에 대한 노하우를 습득해야 합니다.

성공적인 틱톡 브랜드 계정 운영을 위한 3가지 축인 틱톡 계정 운영 노하우, 크리에이터 마케팅, 틱톡 광고의 조합은 정확하게 분리된 영역이 아닙니다. 세 영역의 균형과 긴장을 어떻게 유지하는가에 따라 틱톡 브랜드 계정의 성과는 큰 차이를 보일 수 있습니다.

아래 그림에서 확인할 수 있는 것처럼 세 영역은 서로를 강화하는 역할을 합니다. 틱톡 계정의 유기적 도달 거리는 크리에이터의 도움으로 넓힐 수 있습니다. 또는 브랜드가 제작한 영상 클립의 도달 거리를 작은 예산의 광고로 확장할 수 있습니다. 역으로 크리에이터에게 영상 제작을 의뢰해 그 영상에 광고를 집행하거나, 그 영상을 브랜드 계정에서 발행할 수도 있습니다.

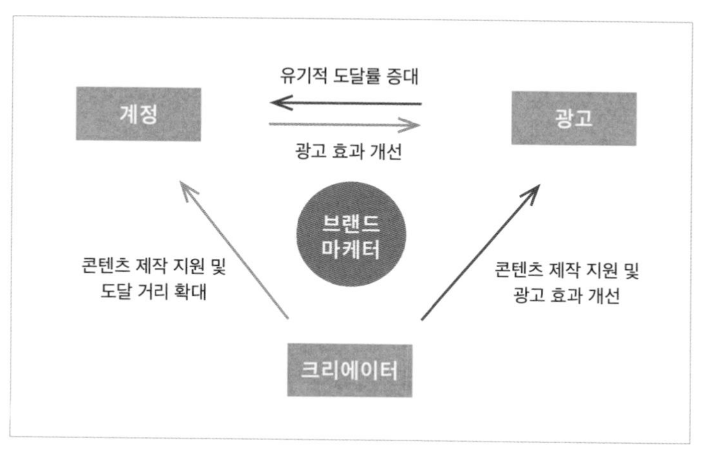

장기 운영 전략이냐, 1회성 광고캠페인이냐

틱톡 운영 전략을 세울 때는 장기적으로 이용할 것인지, 특정 캠페인을 위해 일시적으로 이용할 것인지 고려해야 합니다.

캠페인 계정의 경우, 특정 주제로 콘텐츠를 제한해 한시적으로 운영합니다. 캠페인 계정의 장점은 목표와 결과를 정확하게 계산하고 측정할 수 있다는 것입니다. 아울러 크리에이터 협업 비용, 영상 제작비, 광고 운영비 등 투입 예산과 그에 따른 효과도 측정할 수 있습니다.

틱톡 계정을 처음 개설하는 브랜드라면 우선 캠페인 계정을 운영하면서 틱톡의 가능성을 탐색해보는 것도 나쁘지 않습니다.

2~3개월 동안 진행하는 캠페인 계정 운영 경험을 리뷰하고 투자 대비 효과 ROI,Return On Investment를 분석해보세요. 틱톡 운영이 장기적으로 필요한지, 어느 정도 효과가 있는지 전략적으로 판단하는 데 도움을 받을 수 있습니다.

반면, 캠페인 계정만 운영할 경우 위험성도 존재합니다. 첫 캠페인을 성공적으로 운영했다고 해도 이것이 두 번째 캠페인의 성공을 보장하지는 않기 때문입니다. 첫 캠페인에서 브랜드 인지도를 높였을 경우라도 그걸 뒷받침하는 콘텐츠 전략이 없다면 장기적으로는 실패를 맛볼 것입니다.

틱톡의 마케팅 가치를 최대한 누리기 위해서는 장기적인 계정 운영이 필요하고, 이에 따른 전략을 세워야 합니다. 출발점은 콘텐츠 전략입니다. 틱톡 콘텐츠를 계속 만들어내는 과정은 앞서 설명한 것처럼 적지 않은 자원과 예산을 필요로 합니다. 그러므로 틱톡 계정 운영 방식은 브랜드가 갖고 있는 자원에 따라 달라져야 합니다.

1장

유기적 브랜드 계정 운영 전략

틱톡 계정에서는 좋은 영상 클립으로 다른 플랫폼에서는 상상하지 못할 높은 도달률을 달성할 수 있습니다. 이것이 브랜드가 틱톡 계정을 운영해야 하는 첫 번째 이유입니다. 타 플랫폼 대비 적은 비용과 노력을 통해 목표를 달성할 수 있지만, 그럼에도 비용과 자원은 필요합니다. 콘텐츠 제작에 대한 투자는 물론 그 효과가 생길 때까지 기다리는 인내심도 있어야 합니다.

틱톡에서는 멋진 브랜드 영상보다 직원이 사무실에서 재미있는 실험을 하는 영상이 더 효과적입니다. 그렇다고 자체 제작 영

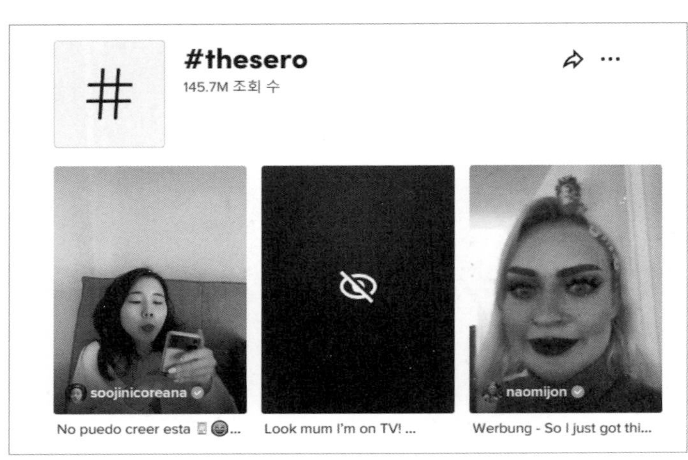

삼성전자 세로형 TV #thesero 해시태그에 올라온 콘텐츠와 조회 수.

상이나 크리에이터 협업 영상이 이용자에게 어설픈 광고라는 느낌을 주어서는 안 됩니다.

대표적인 예로 삼성전자의 세로형 TV 'The Sero' 영상을 들 수 있습니다. 틱톡 해시태그 #thesero에 있는 대다수 영상은 크리에이터가 'The Sero'를 언박싱하고 화면이 돌아가는 모습에 놀라워하는 모습입니다. 하지만 영상 내러티브에 다양성이 없고, 회전하는 화면이라는 'The Sero'의 USPUnique Selling Proposition[28]만을 강조합니다. 재미나 흥미로운 요소도 없습니다.

이렇다 보니 댓글 반응도 "화면 돌아가는 것은 신기하지만 그래서?"가 대다수입니다. #TheSero 해시태그[29]에는 많은 크리에이터가 협력 영상을 제작해 올렸지만 전체 조회 수는 1억 4500만 뷰(2022년 4월 기준) 정도였습니다.

이 해시태그 영상 모음에서는 UGC User Generated Content[30]를 찾기 어렵습니다. 성공적인 계정 운영을 위해서는 좀더 창의적인 콘텐츠 구상에 많은 시간을 투자해야 합니다. 더딘 속도라도 이렇게 쌓인 노하우와 성공 경험은 반드시 계정 운영에 도움이 됩니다.

대다수 전통 기업은 소셜 미디어 마케팅의 가치를 저평가하는 경우가 많습니다. 그리고 틱톡 계정을 운영하는 데 들어가는 비용과 도전을 이해하지 못하는 일도 많이 있습니다. 소셜 미디어 마케팅을 에이전시에 외주로 맡겨 이를 담당하는 최소한의 직원만 있는 경우, 소셜 미디어 마케팅에 전적으로 집중하는 임원이 없는 경우, 전담 직원과 임원이 있다고 해도 이들에 대한 신뢰가 사내에 형성되어 있지 않을 때 이런 일이 생깁니다.

특히 무엇보다 많은 기업이 퍼포먼스 마케팅을 선호하다 보니, 경영진은 타겟 이용자나 타겟 소비자 사이에서 강력한 브랜딩이 중요한 이유를 이해하지 못하는 경우가 많습니다.

쉽지 않겠지만 기업 내부에서 틱톡 계정 운영의 가치와 기

28. 상품이나 서비스를 경쟁 브랜드와 차별화시켜주는 유형 또는 무형의 효용.
29. https://bit.ly/3zaE9fl
30. 틱톡 이용자가 자발적으로 직접 제작한 콘텐츠.

회를 충분히 설명하고 초기 운영에서 최대한의 자율권을 확보하는 일은 매우 중요합니다. 특히 인스타그램과 유튜브 마케팅에 익숙한 임원과 직원에게 틱톡 영상 문법은 쉽게 수용되지 않는다는 점을 명심해야 합니다.

틱톡 계정 운영 시 또 다른 위험 요소가 있습니다. 틱톡 콘텐츠는 매우 신속하게 제작하고 발행해야 합니다. 현재 빠르게 바이럴 현상을 일으키고 있는 흐름에 올라타야 하기 때문입니다. 촬영 또한 4K 카메라가 아니라 스마트폰으로 찍고, 유행하는 필터를 사용해 모바일로 신속하게 편집해야 하는 경우가 많습니다.

이때 콘텐츠 발행 과정에서 결제 라인이 길다면 문제가 발생합니다. 결제할 사람이 많으면 많을수록, 결제 시간이 오래 걸리면 걸릴수록 브랜드 틱톡 계정 운영은 실패할 가능성이 높습니다.

그러므로 브랜드 마케터는 임원진이 틱톡 마케팅의 기본 특징을 이해할 수 있도록 노력해야 합니다. 또 틱톡 계정 시작 전에 충분한 전략적 고민과 콘텐츠 창작 계획을 세워둬야 합니다. 그래야 활동을 시작한 이후 가능한 한 빠른 시간 내에 성과를 내고, 이 성과를 갖고 내부 구성원을 설득할 수 있기 때문입니다.

이 2가지 방법을 모두 활용하면 가장 좋습니다. 반대로 이 2가지 방법 중 하나도 진행하지 못할 경우, 틱톡 계정 운영 과정에서 빈번하게 난관에 부딪힐 것입니다.

TikTok Tip

틱톡에서 작동하는 것과 작동하지 않는 것

작동하는 것	작동하지 않는 것
• 브랜드 신뢰(상승) • 이용자 관련성(상승) • 흥미로운 이야기 • 영감 • 틱톡 커뮤니티와 상호작용 • 자기방어	• 광고 같은 고급스러운 영상 • 4K 영상 • 자화자찬 • 30초 넘는 영상 • 결론이 뒤에 있는 영상

목표와 전략 세우기

브랜드의 틱톡 계정은 유기적으로 어떤 목표를 이룰 수 있을까요?

첫 번째 목표는 브랜딩과 브랜드 인지도 달성입니다. 브랜드 마케터에게 중요한 것은 매출입니다. 하지만 매출이나 잠재 고객 확보가 틱톡 마케팅의 목표라 할지라도 먼저 브랜딩에 집중하는 것이 이후 성과Performance와 전환Conversion으로 빠르게 확장시킬 수 있습니다.

틱톡 이용자 커뮤니티는 간접적으로 구매를 요구하는 방식을 선호하지 않습니다. 오히려 직접적인 구매 요구 콘텐츠라 해도 크리에이터의 창의성과 진정성이 전달된다면 기꺼이 관련 메시지를 수용합니다. 브랜드가 틱톡 이용자에게 인식되기 시작하고 창의적 콘텐츠를 함께 만드는 계기를 제공한다면, 두 번째 목표인 제품 판매나 구매 전환은 보다 쉽게 일어날 수 있습니다.

요약하면 틱톡 브랜드 계정의 첫 번째 운영 목표는 브랜딩 또는 브랜드 인지에 있으며, 두 번째는 구매 전환과 잠재 고객 확보에 있습니다.

브랜딩Branding하기

브랜드가 틱톡을 활용하는 이유는 브랜드 인지도를 형성하고 높이기 위해서입니다. 이때 광고캠페인보다는 틱톡 계정 운영을 통해 이루어진 브랜딩이 지속 가능성이 더 큽니다. 좋은 브랜드는 이용자와 감성적 연결 고리를 만드는데, 멋진 브랜딩 영상은 틱톡에서 브랜드 인지도를 높이고, 구매 전환을 이루어냅니다. 틱톡 브랜딩의 장점은 다음과 같습니다.

① 젊은 타겟 이용자들의 감성적 연결 고리를 강화합니다.
② 유기적 도달률이 높을 경우 이후 광고 효과ROI를 극대화할 수 있습니다. 틱톡 이용자가 브랜드를 알고 있을 때 브랜드와 이어찍기 등 공동 창작에 참여할 가능성이 높습니다.
③ 틱톡 커뮤니티에서 딱딱하고 보수적인 브랜드 이미지를 보다 사랑스러운 브랜드 이미지로 만들 수 있습니다.

많은 퍼포먼스 마케팅 담당자가 효과 측정이 쉽지 않다는 이유로 브랜딩 활동을 중요하게 여기지 않았습니다. 지금까지 브랜딩 효과를 측정하는 방법은 설문 등 시장조사를 통해서만 가능했습니다. 틱톡은 인피드In-Feed 광고 형식으로 브랜드 리프트 스터디Brand Lift Study라는 이름의 설문 조사 서비스[31]를 제공하고 있습니다. 이 설문 조사를 통해 브랜드는 자사의 틱톡 캠페인 광고가 타겟 이용자에게 어떻게 수용되고 있는지 확인할 수 있습니다. 또한 틱톡에서 브랜딩이 잘 이루어지고 있는지도 알 수 있습니다. 또 다른 브랜딩 효과 측정 방식은 브랜드 영상의 댓글을 분석하는 것입니다.

하지만 이제는 점점 더 많은 기업이 브랜딩에 신경을 쓰고

31. https://bit.ly/3qCWkq9

있습니다. 대표적 사례로 아디다스와 짐샤크Gymshark를 들 수 있습니다.

아디다스의 경우 2018년 퍼포먼스 마케팅과 브랜딩 마케팅에 각각 77%와 23%를 투자했다면, 2019년에는 이 비중을 40% 대 60%로 수정했습니다.[32] 아디다스는 나이키에 이어 D2CDirect to Customer[33]를 강화하는 전략을 추구하고 있습니다. 소셜 미디어 마케팅의 최종 목표는 구매 전환이지만, 이를 달성하기 위해 브랜딩에 더욱 집중하는 전략을 쓰는 것입니다.

2012년 영국인 벤 프랜시스Ben Francis가 만 19세의 나이에 설립한 짐샤크는 2021년 7월 14억 달러의 기업 가치로 성장한 대표적 D2C 피트니스 브랜드입니다. 짐샤크는 마케팅 예산의 80%를 브랜딩에, 20%를 퍼포먼스 마케팅에 투자하고 있습니다. 짐샤크의 소셜 미디어 마케팅 총괄 담당자는 "우리는 성과를 내는 행동보다 고객과의 감성 형성에 집중한다(We focus on impact over effort)"며 퍼포먼스 마케팅을 다음과 같이 비판합니다.[34]

"모든 마케터는 페이스북의 도달 및 노출 빈도를 늘리는 광고와 같은 일만 하는 실수를 하고 있습니다. 가능한 한 많은 사람이 보게 하는 거죠. 그래요. 대부분의 사람이 이 광고를 보게 될 겁니다. 그런데 광고를 본다고 해서 사람들이 이 광고에 관심을 표하고, 광고에 소개된 물건을 구매하지는 않습니다. 사실 이 방법

은 비용이 매우 많이 들어가는 마케팅 실수입니다."[35]

아디다스와 짐샤크가 브랜딩에 과잉투자over-investment하는 전략은 성과를 보이고 있습니다. 뮤지컬리musical.ly[36] 시절부터 마케팅을 진행한 짐샤크 틱톡 계정(@gymshark)은 2021년 12월 기준 350만 명의 팔로워를 보유하고 있습니다. 짐샤크 계정에는 틱톡 커뮤니티를 만들어내는 감각적인 영상[37]이 넘쳐나며, 이 영상들은 높은 유기적 도달률을 기록하고 있습니다.

---

32. https://bit.ly/3qBwZgz
33. 기업이 소비자와 직거래하는 형태의 비즈니스.
34. https://bit.ly/3eDjSWt
35. The mistake that everyone's making, is they're doing things like the Facebook model, Reach Frequency, when you take your ad and blast it in front of as many people as possible. Yes, everyone is going to pay attention and buy from them, but it's actually a very expensive mistake.
36. 중국 상하이에 본사를 둔 소셜 미디어 서비스. 앱을 통해 사용자들은 15초~1분짜리 립싱크 뮤직비디오를 만들어 올린다. 이때 반주할 사운드트랙을 선택하고, 다양한 속도 옵션(타임랩스, 빠른 속도, 보통 속도, 느린 동작, 서사시)을 사용하고, 미리 설정된 필터와 효과를 추가해 영상을 올릴 수 있다. 이 앱은 또한 사용자들이 인기 있는 '뮤저'콘텐츠, 트렌드 곡, 사운드, 해시태그를 탐색하고 팬들과 독특하게 상호작용할 수 있도록 했다. 2017년 11월 바이트댄스가 인수한 후, 2018년 8월에 틱톡에 합병되었다.
37. Gym 스튜디오의 다양한 밈과 운동 노하우 영상.

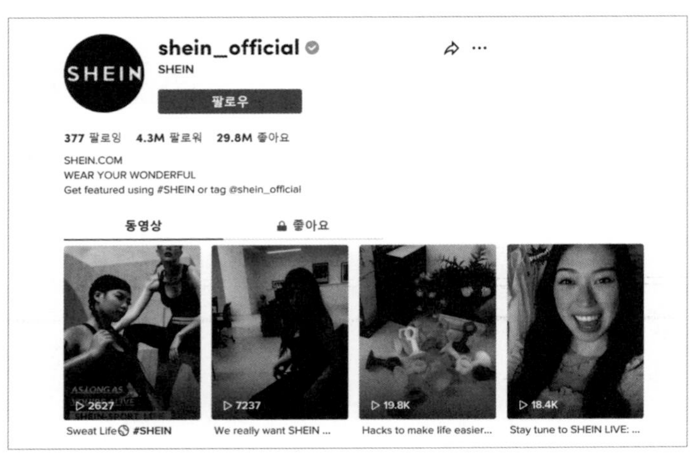

공격적인 브랜딩을 진행하는 쉬인(SHEIN)의 틱톡 계정.

브랜드와 콘텐츠의 균형 찾기

틱톡 마케팅에서는 창의적 콘텐츠를 제작하는 것과 이 콘텐츠를 통해 타겟 이용자에게 브랜드를 인지시키는 일을 동시에 진행하는 능력이 무척 중요합니다. 이 목표를 동시에 이루는 방법은 2가지가 있습니다.

① 공격적 브랜딩

대다수 브랜드 계정이 선택하는 방법입니다. 브랜드 이름이나 제품을 타겟 이용자가 기억할 수 있도록 계속해서 기존 제품이나 신

제품을 영상으로 소개하는 방식입니다. 이때 재미와 흥미를 유발할 수 있는 영상 구성은 필수입니다. 제품이 타겟 이용자에게 의미를 전달하고, 이용자가 브랜드에 공감을 느낀다면 그는 적극적인 팬이 될 것입니다. 뱅에너지(@bangenergy), 쉬인(@shein_official) 등의 사례를 참고하면 좋습니다.

② 방어적 브랜딩

스타트업 제품 등 브랜드 인지도가 떨어지는 경우 효과적인 방법입니다. 특정 제품을 전면에 내세우기보다는 제품군에 대한 흥미있는 이야기, 노하우 등을 전달하며 틱톡 이용자가 영상과 계정에 관심을 갖게 하는 방법입니다.

물론 제품과 브랜드가 영상에 등장하지만 핵심 내용은 제품이 속한 분야의 다양한 스토리이며, 여기에 이용자의 관심을 집중시키는 것입니다. 방어적 브랜딩 영상은 브랜드가 전하고자 하는 비전과 메시지를 중심으로 다룰 수도 있습니다.

실제 틱톡 운영 시에는 2가지 방법을 섞어서 사용하면 됩니다. 많은 브랜드가 방어적 브랜딩으로 시작해서 공격적 브랜딩으로 전환하는 방법을 선택하고 있습니다. 브랜드와 제품은 영상에서 하나의 역할을 담당하되 재미있고 기가 막힌 영상 콘셉트의 일부가 되어야 합니다. 틱톡에서 브랜딩은 아래의 3가지 방식으로

2021년 틱톡에서 가장 많이 바이럴된 페타 파스타 레시피 영상.

작동하는 경우가 많습니다.

- **영감:** 노하우와 트릭
- **부가가치:** 유용한 정보 및 지식
- **재미:** 엔터테인먼트와 스토리

2021년 틱톡에서 가장 많이 바이럴된 영상 중 하나는 20초 길이의 페타 파스타 레시피 영상입니다.[38] 이 영상을 보면 누구나

38. https://bit.ly/3eGYbET

너터 버터의 토르티야 레시피 틱톡 영상.

쉽게 페타 파스타를 만들어 먹을 수 있습니다. 준비 재료도 많지 않아 집에서 쉽게 따라 할 수 있죠.

이 영상을 따라 여러 틱톡 이용자가 페타 파스타를 직접 만드는 영상을 올립니다. 틱톡 이용자는 레시피 영상을 보며 '맛있겠다. 나도 먹고 싶다'로 끝내는 것이 아니라 실제로 페타 치즈를 구매해 파스타를 만들어 먹고 이를 영상으로 찍어 올린 것입니다. 당시 미국 슈퍼마켓에서는 페타 치즈가 완판되어 구입하기 어려울 정도였습니다. 이것이 영감을 전달하는 영상입니다.

페타 파스타 영상의 바이럴 효과를 체감한 F&B 브랜드들은 틱톡 계정을 열고 적극적인 브랜딩에 나서고 있습니다. 페타 파스타부터 달고나 커피까지 레시피 영상은 틱톡에서 사랑받는 장르입니다. 물론 레시피 영상은 다른 소셜 미디어에서도 인기가 많습니다. 여기서 틱톡 레시피 영상의 다른 점은 엉성하고 미적 감각을 강조하지 않는다는 점입니다.

일반인이 만든 것처럼 허들이 낮기 때문에 다른 틱톡 이용자도 따라 찍기가 쉽습니다. 틱톡에선 전문성이 돋보이는 영상보다 이런 명쾌하고 단순한 영상이 더욱 사랑을 받습니다.

너터 버터Nutter Butter는 인스타그램에서 입증된 바이럴 레시피를 틱톡스럽게 단순하게 재구성한 영상을 만들었습니다. 여기에 이용자가 제작한 레시피 영상을 믹스하는 방식으로 틱톡 계정(@officialnutterbutter)을 운영하고 있습니다.

또한 너터 버터는 직접 해시태그 챌린지를 시작하기보다 이미 인기 있는 해시태그를 활용하는 방법을 자주 씁니다. 예를 들어, 땅콩과 버터를 재료로 투박한 토르티야 레시피 영상을 만들어[39] 토르티야 레시피 해시태그인 #tortillatrend[40]에 올리는 식입니다.

금융 기업이나 핀테크 기업에서는 유용한 정보나 지식을 전달하는 영상으로 틱톡 계정을 운영하고 있습니다. 이러한 흐름을 핀톡FinTok이라고 부르며, 돈을 어떻게 저축하고 투자하고 관리해야 하는지 알려주는 영상이 많습니다.

금융이나 경제를 알려주는 브랜드 계정이라면 핀톡 관련 인기 해시태그를 활용하는 것이 좋습니다. #stocktok, #PersonalFinance, #moneytok, #investingforbeginners 등이 있습니다. 핀톡 관련 참고 브랜드 계정으로는 영국 부동산 중개업자 에미 덴트Emmy Dent[41]와 파이낸스엘르Financielle[42] 등을 추천합니다.

구매 전환Sales 유도하기

틱톡을 통해 구매가 발생하고, 관련 제품이 솔드 아웃되고, 품절 장면이 다시 다양한 틱톡 영상으로 만들어지는 현상은 틱톡에서 어렵지 않게 만날 수 있습니다. 그러나 틱톡은 아직까지 직접적으로 판매를 발생시키는 서비스가 아닙니다.

틱톡은 현재 쇼피파이Shopify.com[43]와 협업을 통해 틱톡 플랫폼 내에서 지불과 배송 추적까지 가능한 서비스를 준비하고 있지만, 이는 북미와 유럽 시장에 먼저 제공할 가능성이 높습니다. 한

---

39. https://bit.ly/3mLjYQs
40. https://bit.ly/3eHULSA
41. https://bit.ly/3FUFDNA
42 https://bit.ly/3JH4Wom
43. 쇼피파이는 온타리오주 오타와에 본사를 둔 캐나다의 다국적 전자 상거래 기업.

국 시장에서 틱톡의 쇼핑 서비스를 제공하기까지는 다소 시간이 걸릴 것으로 예상됩니다. 현재 틱톡에서 도달률을 매출로 직접 연결하는 방법은 틱톡 광고가 유일합니다.

브랜드에서 틱톡 계정을 운영할 때 가장 큰 장점 중 하나는 틱톡 브랜드 계정이 마케팅의 상층 퍼널High Funnel[44] 역할을 매우 효과적으로 담당할 수 있다는 것입니다. 매출 연결을 틱톡 광고가 담당한다면, 유기적 콘텐츠[45]로 구성된 틱톡 브랜드 계정은 제품에 대한 인지도와 관심을 크게 높여줍니다. 타겟 이용자 사이에서 브랜드 인지도와 관심이 증가하면, 틱톡의 리타겟팅 광고를 활용해 구매 전환을 유도할 수 있습니다. 이 방법이 높은 CPM 가격의 광고만 집행하는 것보다 경제적입니다. 틱톡에서 유기적 콘텐츠 없이 광고만 집행할 경우에는 타겟 이용자가 누구인지 정확하게 알 수 없기 때문에 효율성이 떨어집니다.

그렇다면 유기적 콘텐츠로는 구매 전환이나 매출 증대가 불가능할까요?

MZ세대에 어울리는 브랜드의 경우 틱톡의 바이럴 현상을 이용해 눈에 띄는 매출 증대를 달성할 수 있습니다. 틱톡에서는 특정 제품에 대한 강력한 바이럴이 발생하고, 이 트렌드가 틱톡 이용자의 구매로 이어지는 경우가 매우 많습니다.

첫 번째는 메이블린Maybelline[46] 마스카라의 사례입니다. 이

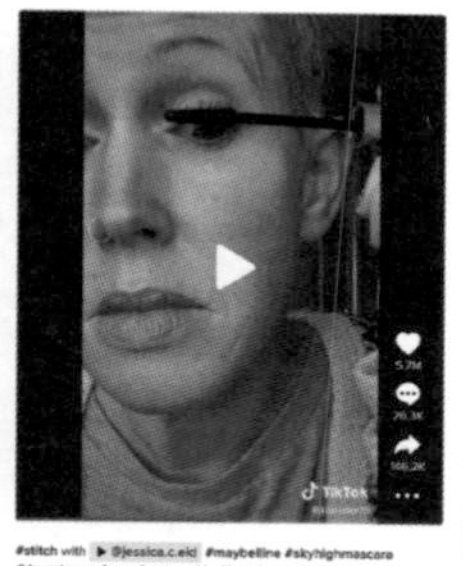

이어 찍기를 통해 바이럴되며 해당 제품의 품절로까지 이어진 메이블린 마스카라 영상.

영상은 이어 찍기 방식으로 진행되었습니다. 10대로 보이는 한 이용자가 마스카라 이용 전후를 비교하는 영상을 틱톡에 발행했고, 40대 뷰티 틱토커 킴 스페이더Kim Spader가 이어 찍기 형식으로 동일한 제품을 사용해 틱톡 영상을 제작합니다. 이후 수많은 틱톡 이용자가 이어 찍기 바이럴에 참여합니다.

킴 스페이더가 만든 영상의 조회 수는 2021년 12월 말 기

44. 마케팅에서 퍼널은 소비자를 고객으로 이끄는 과정을 깔때기처럼 표현한 것을 말한다. 여기서 상층 퍼널이란 브랜드 인지도의 첫 단계를 말한다.
45. 유기적 콘텐츠란 각 기기별로 콘텐츠가 서로 연결성 없이 존재하는 게 아니라 사용자의 정황과 기기의 특성에 맞추어 정체성을 잃지 않고 연결성을 유지한 채 각 기기에 적응하는 유기체의 특성을 띠는 콘텐츠를 말한다.
46. https://bit.ly/3F0Tbpf

준 약 3300만 뷰를 기록했습니다. 관련 해시태그 #skyhighmascara의 총조회 수는 4억 6000만 뷰이상 기록했죠. 이 영상에서 소개한 메이블린의 래시 센세이셔널 마스카라는 틱톡 바이럴에 힘입어 제품이 일시적으로 품절되는 현상도 발생했습니다.

두 번째 사례는 2021년 12월 미국의 큐피Kewpie 마요네즈 품절 현상입니다. 틱토커 에밀리 마리코Emily Mariko는 한국식 참치마요를 변형한 연어마요를 만들어 먹는 영상을 발행합니다.[47] 영상은 앞서 설명한 페타 파스타 레시피처럼 엉성하고 단순한 구성으로 만들었습니다. 그런데 이 연어마요 레시피 영상에 틱톡[48]이용자들의 이어 찍기와 따라 찍기 현상이 일어났고, 그 이후 2021년 12월 미국 월마트에서 큐피 마요네즈가 품절되는 일이 벌어졌습니다.

틱톡 영상으로 인한 제품 품절 현상은 북미, 유럽, 동남아시아 등에서 발생하고 있습니다. 품절 현상은 주로 오프라인에서 일어나는데, 그 이유는 해당 지역에 살고 있는 Z세대가 신용카드를 갖고 있지 않아 오프라인에서 상품을 구매하는 경향이 강하기 때문입니다. 자신도 틱톡 영상을 올리기 위해 빠르게 제품을 구입하려다 보니 바로 상점을 찾아가야 하고, 이것이 품절 현상으로 나타나는 것입니다. 물론 이런 흐름은 선구매 후결제Buy Now Pay Later 서비스가 Z세대까지 일반화하면 변화할 가능성이 높습니다.

리드leads 생성하기

틱톡은 광고 상품으로 리드[49] 생성Lead Generation 기능을 제공하고 있습니다. 이는 브랜드나 제품에 관심 있는 유저가 간단한 양식을 통해 기본 정보를 쉽고 안전하게 공유할 수 있는 기능입니다. 신상품 출시 이후 제품 평가 캠페인에 이 광고 상품을 활용할 수 있습니다.

물론 브랜드 계정의 유기적 도달을 통한 리드 생성도 가능합니다. 대학교 브랜드 계정에서는 학교 설명회 행사를 알리는데, 이런 유기적 리드 생성 방법을 통해 잠재 고객의 정보를 얻고 있습니다.

브랜드 계정에서는 틱톡 오리지널 콘텐츠로 유기적 도달을 끌어올린 이후 유기적 또는 광고를 통한 리드 생성을 시도하는 것이 효과적입니다.

기업이 틱톡에서 구인HR을 시도하며 기업 브랜딩 효과를 높이려는 경우도 많습니다. 물론 틱톡 이용자가 틱톡을 통해 일자리를 찾는 경우는 거의 없습니다. 하지만 기업에서 일하는 모습

---

47. https://bit.ly/34htYu9
48. https://bit.ly/3EU27N9
49. 여기서 리드란 기업이 판매하는 제품에 관심 있는 개인 혹은 조직을 말한다.

을 담은 영상, 지원자 인터뷰 영상 등을 브랜드가 직접 제작해 유기적 도달률을 높이려는 시도는 젊은 층에게 긍정적 브랜드 이미지를 만드는 데 도움을 줍니다. 이 과정에서 설명 자료를 제공하며 리드 생성을 시도할 수 있고, 이는 이후 브랜드 계정 운영 효과를 높여줍니다.

틱톡 추천 피드For You Page 공략하기

틱톡 계정을 운영할 때에는 도달률과 가시성 또한 중요한 목표입니다. 브랜드 계정이 성장하기 위해서는 브랜드에서 업로드한 콘텐츠가 '추천 피드'에 뜨는 것이 중요합니다. 그래야 이를 통해 바이럴이 크게 일어나며, 그 결과 팔로워 수가 증가하고 틱톡 이용자와 상호작용이 가능해집니다.

추천 피드를 공략하기 위해서는 우선 틱톡 추천 알고리즘 작동 방식을 정확하게 이해해야 합니다. 틱톡 추천 알고리즘은 틱톡의 두뇌와 같습니다. 틱톡의 공식적인 추천 알고리즘 설명을[50] 확인해보세요. 이 알고리즘의 목적은 체류 시간과 재방문율의 균형 또는 최대화에 있습니다.

틱톡 알고리즘은 틱톡 이용자가 앱을 이용하면서 하는 모든 행동을 분석합니다. 이용자가 어떤 음악을 사용한 어떤 영상을 어떤 디바이스로 어느 시간에 보며 어떤 영상에 좋아요와 댓글을 다는지, 어떤 영상을 공유하거나 저장하는지 등을 체크합니다.

또 하나 틱톡 알고리즘의 주요 특징은 이른바 물방울 원칙입니다. 특정 영상을 처음부터 대규모 이용자에게 추천하지 않습니다. 틱톡에는 수많은 테스트 이용자 그룹이 존재하는데요. 특정 영상이 이 이용자 그룹에서 반응이 좋으면 보다 더 큰 이용자 그룹에 이 영상을 추천하는 식입니다. 이렇게 작은 이용자 그룹에서 시작해 보다 큰 그룹으로 영상 추천의 반응을 점검하는 방식이 물방울 원칙입니다. 이 물방울 원칙을 적용할 때 좋은 성적을 거둔 영상은 강력한 바이럴이 일어날 가능성이 높죠.

한 가지 오해를 짚고 넘어가겠습니다. 적절한 해시태그 사용은 유튜브나 인스타그램처럼 틱톡에서도 중요합니다. 그러나 추천 피드에 오르고 싶다고 해서 #FYP, #ForYou, #ForYouPage 같은 해시태그를 넣는 것은 별로 도움이 되지 않습니다.[51]

틱톡 캡션에는 콘텐츠와 관련한 해시태그와 함께 동영상 관련 글을 추가하는 것이 좋습니다. 영상을 만들 때 영감을 준 내용 또는 자신이 올린 영상과 관련 있는 내용을 가진 다른 작성자

50. https://bit.ly/3zCWySi
51. https://bit.ly/3f1ECYe

$$(Plike \times Vlike) + (Pcomment \times Vcomment)$$
$$+(EPlaytime \times Vplaytime) + (Pplay \times Vplay)$$

Plike: 이용자 A의 좋아요 수(0 또는 1), ***Vlike:*** 영상 전체의 좋아요 수
Pcomment: 이용자 A의 댓글 수(0 또는 1이상), ***Vcomment:*** 영상 전체의 댓글 수
EPlaytime: 이용자 A의 재생 시간, ***Vplaytime:*** 영상 전체의 재생 시간
Pplay: 이용자 A의 (반복) 재생 수, ***Vplay:*** 영상 전체의 (반복) 재생 수

를 태그하거나 트렌드 해시태그를 넣는 것도 바이럴을 확장하는 방법입니다.

틱톡에서 바이럴이 일어나면 팔로워 수가 함께 증가합니다. 하지만 팔로워 수가 추천 가능성과 상관관계에 있는 것은 아닙니다. 그래도 높은 팔로워 수는 팔로잉 피드를 통해 많은 조회 수를 확보할 수 있게 도와줍니다. 팔로워 수가 높다는 것은 브랜드 계정이 틱톡의 영상 문법과 추천 알고리즘의 특징을 정확히 알고 있다는 뜻입니다. 추천 피드에 올라갈 수 있는 여러 가지 방법을 소개합니다.

① 이용자 참여율

일반적으로 참여율은 특정 영상 콘텐츠의 뷰 수와 좋아요, 댓글, 아직까지 틱톡 추천 알고리즘에서 좋아요와 댓글의 비중 차이는

프로 파쿠르 선수의 동작을 보며 창의적인 오답을 적어보도록 하는 레드 불의 댓글 유도 영상.

알려져 있지 않습니다. 그러나 댓글 가중치가 좋아요의 가중치보다 높으리라는 것은 매우 자연스러운 추론입니다. 틱톡은 참여율을 계산하는 방식이 다른 플랫폼과 비교해 크게 다르지만, 참여율 높은 영상이 틱톡 추천 피드에 오를 가능성을 높인다는 점은 다른 플랫폼과 동일합니다. 따라서 이용자의 댓글을 유도하는 것이 중요합니다. 레드 불Red Bull처럼 영상에서 질문을 던지며 이용자의 댓글 참여를 유도하는 방식[52]도 참고해볼 만합니다.

질문하는 방식의 영상 카피는 이용자의 참여를 유도하고 브랜드에 대한 긍정적 이미지를 강화할 수 있습니다. 이용자가 댓글

52. https://bit.ly/3Ga7rh3

거의 0.5초에 한 번씩 화면 효과를 주며 집중적으로 반복해서 보게끔 하는 영상.

을 달 경우 영상 재생 시간도 증가하며, 이는 다시 추천 가능성을 높입니다.

이용자의 댓글에 대댓글을 다는 것도 매우 중요합니다. 대댓글이 달릴 경우 해당 댓글 작성자에게 알람이 가기 때문에 재방문율이 높아집니다. 브랜드 계정의 영상에는 질문과 대댓글만 중요한 것이 아닙니다. 타 브랜드 계정과 이용자의 영상에도 적극적으로 댓글을 다는 것이 좋습니다. 함께 대화를 나누며 브랜드는 자연스럽게 자신의 계정을 홍보할 수 있습니다.

② 재생 시간과 반복 재생 수

틱톡 알고리즘은 영상의 재생 시간이 길수록, 그리고 반복 재생 수가 높을수록 가치를 높게 평가합니다. 틱톡에서는 낮은 참여율에도 불구하고 바이럴되는 영상을 종종 만날 수 있는데요. 좋아요값이나 댓글값이 0인 경우에도 재생 시간과 반복 재생 수가 높은 영상이 있을 수 있기 때문입니다. 이때 재생 시간과 반복 재생 수가 모두 높기는 어렵습니다. 둘 중 하나를 선택해 높이는 것이 효과적입니다.

긴 영상의 경우는 끝까지 보게 하는 것이 중요하고, 짧은 영상의 경우는 여러 번 반복해서 보도록 유도하는 것이 필요합니다. 그러나 두 영상 모두 첫 장면은 강렬해야 합니다. 틱톡 이용자는 여러 영상을 매우 빠르게 쓸어 넘기며 보기 때문에 영상이 시작되는 첫 몇 초에 이용자의 관심을 잡아둘 수 있어야 합니다.

시선을 사로잡는 다양한 효과를 사용하거나[53], 영상을 시작하며 적절한 질문을 던지는 방법도 효과적입니다. 영상 설명에 "Wait for it(기다려봐!)"이라고 쓰인 영상도 있습니다. 이 또한 도입부에서 이용자의 관심을 사로잡기 위한 방법 중 하나입니다.

③ 최적의 발행 시간

콘텐츠는 언제 발행하면 좋을까요? 모든 소셜 미디어 마케팅에서

53. https://bit.ly/3f1lKIV

Global Best Times to Post on TikTok

Eastern Standard Time

Monday	Tuesday	Wednesday	Thursday	Friday	Saturday	Sunday
	2 AM			5 AM		
6 AM	4 AM	7 AM				7 AM
	9 AM	8 AM	9 AM		11 AM	8 AM
10 AM			12 PM			
				1 PM		
			7 PM	3 PM	7 PM	4 PM
10 PM		11 PM			8 PM	

"Best times to post as calculated by Influencer Marketing Hub after analyzing more than 100.000 global TikTok posts and engagement rates."

일별 틱톡 영상을 올리기 좋은 시간. 출처: influencermarketinghub.com

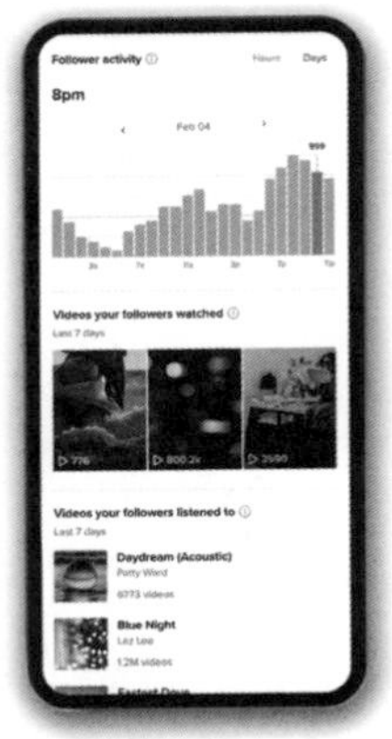

틱톡이 제공하는 분석 도구 화면.

피할 수 없는 질문입니다. 가장 적절한 대답은 '개별 브랜드의 타겟 이용자가 가장 많이 접속하는 시간'에 발행하는 것입니다.

앞서 틱톡 영상 추천에는 물방울 원칙을 적용한다고 설명드렸습니다. 영상 발행 직후 틱톡은 이 영상을 작은 테스트 이용자 그룹에 노출시키며 반응을 살펴봅니다. 이때 테스트 이용자 그룹이 잠자고 있는 시간이라면 발행한 영상이 추천 피드에 오를 가능성은 매우 낮겠지요.

틱톡 데이터 분석 기업에서는 최적의 발행 시간을 조언[54] 하고 있습니다. 발행 시간을 알아보기 위해서는 우선 메인 타겟 사용자의 국가별 위치는 어디인지, 그리고 이들이 주로 일어나는 시간은 언제인지 알아두는 것이 중요합니다.

어느 요일에, 그리고 하루 중 언제 포스팅할 것인가를 결정하는 과정에서 함께 고려해야 할 점은 상호작용 시간입니다. 영상 발행 이후에도 댓글에 대댓글을 달거나 외부 크리에이터와 이어찍기 등 해당 영상에 대해 상호작용할 시간도 고려해야 합니다. 이 상호작용 시간 또한 최적의 발행 시간 내에서 이루어져야 합니다. 틱톡은 브랜드 계정을 운영할 때 팔로워에 의해 브랜드 영상이 소비되는 시간대를 분석해서 제공하고 있습니다. 이 분석 결과를 체크해 최적의 발행 시간을 잡아보세요.[55]

④ 공유와 동영상 저장

틱톡 추천 알고리즘은 다른 소셜 미디어 플랫폼처럼 공유에 대한

54. https://bit.ly/3GbmzL6
55. https://bit.ly/3JVZL42

틱톡에서 공유 아이콘을 누르면
나타나는 듀엣, 이어 찍기 등의 기능.

늘 늦는 친구는 누구인지 질문해 자연스럽게
댓글 반응을 유도하는 레드 불의 영상 속 카피.

가중치를 높게 두고 있습니다. 틱톡 공유 기능은 타 플랫폼으로 공유도 가능하지만 동영상 저장, 듀엣, 이어찍기 등 다양한 추가 기능이 들어 있는 게 특징입니다. 저장, 듀엣, 이어 찍기 기능은 이용자에게 매우 적극적인 참여 기회를 제공합니다.

이 기능을 활용하면 해당 영상에 좋아요 표시나 댓글 달기보다 시간이 더 많이 들어갑니다. 그만큼 해당 영상이 이용자의 선호를 만족시키고 있다는 뜻입니다. 틱톡의 공유 기능은 이용자의 체류 시간을 늘어나게 만듭니다. 체류 시간은 틱톡 추천 알고리즘이 추구하는 최고의 목표 수치입니다.

유튜브 영상에 자주 등장하는 "좋아요와 구독을 부탁합니다”라는 표현처럼 틱톡에서 “공유를 부탁해요”라는 표현은 어색합니다. 대신 레드 불 영상[56]처럼 친구를 호명하거나, 친구에게 공유하는 것이 영상에 대한 자연스러운 반응이 되게 구성하는 것이 필요합니다.

⑤ 발행 위치

틱톡의 중국 버전인 도우인Douyin의 팔로잉 피드는 현재 니어바이Nearby 피드로 바뀌었습니다. 틱톡 피드가 유사하게 변화할지는 알 수 없지만, 니어바이 피드는 틱톡이 그만큼 콘텐츠 발행 및 소비 위치를 중요하게 여기고 있다는 뜻입니다.

해외에서 발행한 틱톡 콘텐츠에서도 한국어 댓글을 쉽게 만날 수 있는데요. 이는 틱톡이 소비 공간을 고려해 댓글을 보여주고 있기 때문입니다. 발행 위치는 브랜드의 특정 지점, 예를 들어 제주·광주·부산 또는 해외 지점 등을 부각시키고 싶을 때 유의미합니다. 그러므로 틱톡 영상을 발행할 때는 지역 설정을 반드시 점검해야 합니다.

56. https://bit.ly/3f87qyh

⑥ 편집 효과, 해시태그, 음악

틱톡 추천 알고리즘은 틱톡이 제공하는 편집 효과를 적극 활용하는 영상을 선호합니다. 인스타그램에서는 스토리 기능과 AR 기능을 도입할 때 그러한 기능을 활용한 영상의 도달률을 크게 높인 적이 있는데요. 틱톡 또한 틱톡이 제공하는 필터, 스티커, 이모티콘을 활용하는 영상에 가중치를 더할 가능성이 높습니다. 그렇다고 틱톡 편집 효과 활용이 영상 바이럴의 전제 조건은 아닙니다.

반면 편집 효과를 이용해야 하는 다른 이유가 있습니다. 특정 편집 효과가 인기 있다는 것은 그만큼 많은 이용자의 선택을 받았다는 의미이며, 이 편집 효과를 활용한 영상 포맷이 현재 이용자의 주의를 끌고 있다는 뜻입니다.

이 밖에도 틱톡은 적절한 해시태그와 자막을 활용한 영상에 좋은 점수를 주고 있습니다. 〈로스앤젤레스 타임스〉에 따르면[57] 틱톡 알고리즘이 자막이나 캡션을 추가한 영상을 선호한다고 합니다. 많은 틱톡 이용자가 소리를 끈 채 영상을 즐기기 때문입니다. 자막이 있으면 스크린 샷을 찍어 틱톡 이미지를 공유하는 것도 가능합니다. 더불어 틱톡 영상을 만들 때는 틱톡에서 유행하는 음악을 까는 것이 중요합니다. 사람들은 익숙하고 좋아하는 음악이

---

57. https://lat.ms/34sXu01

TikTok Tip

틱톡 추천 피드 공략 체크리스트

아래의 체크 포인트에 모두 '예'라고 답할 수 있어야 합니다.

영상 테마: 영상 구성과 내용이 타겟 이용자, 특히 Z세대에게 중요한 내용인가? 그리고 이어 찍기 등을 통해 참여할 수 있는가?

영상 편집: 크리에이터 또는 영상 출연자의 모습을 크게 또는 쉽게 구별할 수 있도록 표현하고 있나?

시의성: 영상에 담긴 트렌드 또는 테마가 현재의 트렌드인가?

이탈률: 영상 시작 부분에서 영상을 계속해서 봐야겠다는 동기를 부여하고 있는가?

세팅: 모바일 촬영은 물론 조명과 사운드 역시 높은 수준인가?

참여율: 이용자가 영감, 유익한 정보 또는 재미 등을 분명하게 인식할 수 있는가?

커뮤니티: 이용자가 댓글에 참여할 동기를 제공하고 있는가?

반복 재생: 영상을 한 번 이상 볼 수 있는 내용 및 편집 구성을 갖추고 있는가?

반전: 영상은 놀라운 장면이나 뻔하지 않은 구성 또는 내러티브를 가지고 있는가?

틱톡 언어: 영상에 등장하는 표현을 타겟 이용자, 특히 Z세대의 언어로 드러내고 있는가?

나오면 자신도 모르게 집중하게 됩니다.

틱톡에서 현재 유행하고 있는 편집 효과, 해시태그, 음악이 무엇인지 정확하게 알고, 이 트렌드를 반영한 영상을 만드는 것이 틱톡 마케팅의 출발점입니다.

틱톡 영상 포맷과 영상 편집기

틱톡 영상 포맷에는 인피드 영상, 듀엣, 이어 찍기, 리액션, 플레이리스트, 라이브 등이 있습니다. 이 중 가장 일반적인 포맷이 인피드 영상입니다.

① 인피드 영상

인피드 영상은 틱톡 표준 영상을 말합니다. 틱톡 앱은 다양한 기능을 가지고 있는 동영상 편집 기능을 제공하는데요. 현재 소셜미디어 앱 중에서 가장 훌륭한 동영상 편집기라는 평가를 받고 있습니다.

브랜드 계정을 운영할 때 틱톡 앱에서 제공하는 동영상 편집기를 이용하는 것은 매우 중요합니다. 앞서 강조한 것처럼 틱톡스러운 진정성 가득한 영상을 만들기 위해서는 전문 촬영 도구와 전

틱톡의 듀엣 기능으로 여러 영상을 합쳐 새로운 스토리를 만든 틱톡 영상.

문 편집 도구가 아닌, 틱톡 동영상 편집 프로그램을 이용하는 것이 더 좋습니다. 틱톡 동영상 편집기는 풍부한 효과와 필터를 이용할 수 있다는 것 외에도 빠른 편집이 장점입니다. 그만큼 빠르게 영상을 업로드해 틱톡 트렌드에 빨리 올라탈 수 있습니다.

브랜드 계정은 인피드 영상에서 창의성을 최대한 발휘해야 합니다. 틱톡 추천 피드 공략 체크리스트를 늘 점검하면 인피드 영상의 바이럴 가능성을 높일 수 있을 것입니다.

② 듀엣, 이어 찍기, 리액션 영상

이 3가지 영상 스타일은 특정 영상을 창의적으로 확장시켜줍니다.

틱톡에서는 이슈 영상을 누구나 쉽게 자신만의 스타일로 확장할 수 있습니다. 특히 듀엣 기능은 틱톡에서 매우 인기 있는 영상 포맷입니다. 브랜드 계정도 이용자가 만든 영상에 듀엣 형식으로 반응할 수 있으며, 브랜드 영상을 듀엣으로 제공할 수도 있습니다.

이 포맷에서 오리지널 영상은 영상의 왼쪽이나 상단에 작게 위치합니다. 또한 내용은 일반적으로 오리지널 영상이 던지는 질문에 대한 답변이나 오리지널 영상에 대한 추가 또는 보완 방식으로 구성됩니다. 여러 영상을 이용해 하나의 스토리로 만든 영상[58]을 살펴볼까요?

이 영상에서 확인할 수 있는 것처럼 듀엣 포맷은 또 다른 창의적 듀엣으로 연결되고, 이것이 꼬리에 꼬리를 무는 방식으로 또 다른 듀엣으로 연결 및 확장될 수 있습니다.

맥도날드 브랜드 계정에서도 틱톡 듀엣 기능을 효과적으로 사용했습니다.[59] 맥도날드 셰이크 제품을 들고 있는 모델과 춤추는 발을 듀엣으로 연결해 재미있는 영상을 만들어냈죠.

틱톡에서 인기 있는 또 다른 영상 형식은 이어 찍기입니다. 이어 찍기는 쉽게 표현하면 내 영상에 다른 이용자가 제작한 영상

58. https://bit.ly/3HjVWnw
59. https://bit.ly/3r1hb6Q

여러 포맷의 이어 찍기를 하고 있는 틱톡 채널.

의 일부를 결합하는 것입니다.

오리지널 영상의 공유 버튼을 클릭해 원 영상에서 가져오고 싶은 장면을 선택하는 방식으로 이어 찍기 영상을 제작할 수 있습니다. 이어 찍기 방법을 가장 잘 활용하는 크리에이터는 @khaby.lame입니다. 이 계정의 영상은 대부분 이어 찍기로 제작합니다.

듀엣과 이어 찍기 포맷을 이용하는 목적은 틱톡 이용자와 커뮤니티를 형성하는 데 있습니다. 물론 댓글이나 좋아요로 관심을 나타낼 수 있지만, 틱톡에서는 듀엣과 이어 찍기를 통한 관심이 커뮤니티 확장에 더욱 효과적입니다.

다만 브랜드가 듀엣과 이어 찍기를 활용할 때는 주의할 점이 있습니다. 대부분의 듀엣, 이어 찍기 영상이 재미있고 웃긴 내용을 담고 있는데, 이 영상이 브랜드에 어울리지 않을 수 있기 때문입니다. 구찌Gucci 같은 명품 브랜드가 이용자와 함께 노래 듀엣 영상을 찍는다면 적절하다고 평가하기 어렵겠지요.

③ 재생 목록 또는 플레이리스트

틱톡은 여러 영상을 하나의 재생 목록이나 플레이리스트로 묶는 기능을 제공합니다. 이용자는 브랜드 계정 프로필을 방문할 때 플레이리스트를 확인할 수 있습니다. 어떤 플레이리스트를 제공하는지도 브랜드 계정의 특징을 보여줍니다. 브랜드 계정은 제품 카탈로그 또는 주요 테마 등을 플레이리스트로 제공하거나, 플레이리스트를 활용해 특정 제품 사용법을 묶어서 제공할 수 있습니다. 이용자는 브랜드 계정의 전체 피드를 살펴볼 필요 없이 플레이리스트를 통해 사용법만 쉽게 찾아볼 수도 있습니다.

대표적인 예로 아마존 프라임 비디오 계정을 들 수 있습니다. @amazonprimevideo의 경우 'Stand up'과 'Top 20 Posts'를 플레이리스트로 제공하고 있는데요. 이처럼 인기 포스트 Top 10을 묶는 방식도 추천합니다.

④ 라이브

인스타그램처럼 틱톡도 라이브 방송을 적극 지원하고 있는데요. 틱톡 계정 중 1000명 이상의 팔로워를 가진 계정은 언제나 라이브 서비스를 할 수 있습니다. 틱톡의 라이브 메뉴[60]로 들어가 보면 24시간 내내 라이브를 제공합니다. 현재 라이브 방송은 브랜드 계정보다는 개인 계정에서 적극적으로 이용되고 있습니다.

브랜드 계정은 이러한 기회를 활용하는 것이 좋습니다. 라이브 방송 내용으로는 Q&A, 라이브 콘서트, 브랜드 대표CEO가 직접 브랜드에 대해 설명하는 내용, 브랜드 소비자 인터뷰, 이벤트 당첨자 추첨, 브랜드 소비자의 피드백 소개, 브랜드 콘텐츠 제작 과정 소개, 기업 업무 모습 소개 등이 가능합니다. 이 밖에도 라이브 내용 구성은 브랜드 계정 운영 팀의 상상력에 따라 다양하게 구성할 수 있습니다.

루이비통은 패션쇼를 틱톡 라이브[61]로 제공하기도 했습니다. 틱톡은 화면 왼쪽 상단에 별도의 탭을 통해 라이브 영상을 제공하고 있습니다. 라이브 영상의 장점은 추천 피드에 오를 가능성이 상대적으로 높다는 것입니다. 이후 도입될 틱톡 커머스 기능을 고려한다면 적극적으로 틱톡 라이브 포맷 실험을 해보는 것도 좋

60. https://www.tiktok.com/live
61. https://bit.ly/3qk5aKG

을 듯싶습니다.

⑤ Aa 텍스트: 카피

틱톡 동영상 편집기의 [Aa 텍스트] 아이콘을 클릭하면 최대 150자로 영상에 대한 설명을 입력할 수 있습니다. 150자에는 해시태그도 포함됩니다. 이 텍스트를 카피Copy라고도 부릅니다. 카피는 영상 하단 왼쪽에 보이는데요. 이 카피를 통해 호기심을 끌고 영상을 끝까지 보게 만들거나 댓글, 듀엣 등을 요청하는 내용을 써도 좋습니다. "여러분은 친구들과 XXX를 경험한 적 있나요?" "여러분의 친구들 중 XXX가 필요한 친구가 있나요?" 등의 질문도 카피로 좋습니다.

카피는 틱톡 이용자가 영상을 스크롤하거나 쓸어 넘기지 않도록 만드는 역할을 해야 합니다. 다시 말해, 카피는 영상 재생 시간을 높이는 기능을 할 수 있습니다. 카피의 가독성이 떨어진다고 생각한다면 영상 상단에 짧은 카피가 보이도록 영상을 편집해서 올려도 됩니다.

⑥ 해시태그

해시태그는 콘텐츠의 도달 거리를 높이는 데 기여합니다. 틱톡 카피에 해시태그를 추가할 수 있는데, 이 해시태그를 클릭하면 동일한 해시태그를 입력한 모든 동영상과 이 동영상의 총합이 만들어 낸 뷰 수를 바로 확인할 수 있습니다.

다만 해시태그가 각 영상의 도달 거리를 정확하게 얼마만큼 높여주는지는 확인하기 힘듭니다. 그럼에도 틱톡에서 다양한 해시태그를 이용해보며 그 효과를 검증하는 노력은 필요합니다. 다음과 같은 해시태그를 활용해보시기 바랍니다.

첫째, 인기 해시태그 사용입니다. 영어권의 경우 #love, #like, #meme, #funny, #cute, #happy, #bestvideo 등이 인기 해시태그입니다. 다만 인기 해시태그를 사용할 경우 이용자의 눈에 띄기 위한 경쟁은 그만큼 치열할 것입니다. 많은 사람이 이 해시태그를 활용해 영상을 올리기 때문에 내 영상이 발행 즉시 다른 영상들에 묻힐 수 있기 때문입니다.

둘째, 도달 범위가 작은 해시태그를 이용해보는 것입니다. 도달 범위가 작은 대신 상단에 위치할 가능성은 그만큼 커집니니다. 특히 막 인기를 끌기 시작한 해시태그에 올라타는 방법을 추천합니다. 이런 해시태그는 틱톡 앱 [탐색] 메뉴에서 찾을 수 있습니다.

셋째, 브랜드 이름을 해시태그로 이용하는 것입니다. 또는 브랜드가 최근 내걸고 있는 슬로건을 해시태그로 사용하는 방법도 있습니다. 아디다스는 #impossibleisnothing을 레드 불은 #givesyouwings를 사용합니다.

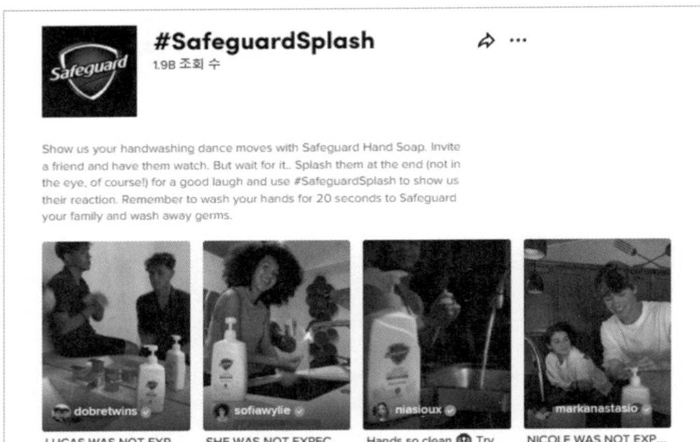

재미있는 음악으로 많은 사람이 영상 제작에 참여한, P&G의 손 세정제 세이프가드 캠페인.

⑦ 틱톡 음악 선곡

음악 관련 비즈니스를 하는 브랜드에 틱톡은 새로운 팬을 확보할 수 있는 멋진 플랫폼입니다. 틱톡은 유튜브, 인스타그램과 비교 불가능할 정도로 플랫폼의 핵심 요소로 음악을 설정하고 있습니다. 조금 과장되게 말하면, 음악 없는 틱톡 영상은 의미가 없다고 말할 정도입니다.

브랜드가 브랜드 사운드나 틱톡을 위한 전용 음악을 만들어 영상에 삽입한다면 이용자의 관심을 끌면서 도달 거리를 높일 수 있습니다. 또한 틱톡은 브랜드에 음악 카탈로그를 제공하기 때문에 자체 제작을 하지 않고서도 여러 음악을 활용할 수 있습니다.

챔피언스 리그 축구 경기를 보면서 펩시를 마시자는 메시지를 배경음악을 통해 직관적으로 알 수 있게 만든 펩시의 틱톡 영상.

이때 다음의 요소를 고려해보세요.

첫째, 음악 선곡입니다. 영상을 바이럴시키기 위해선 현재 틱톡에서 어떤 음악과 사운드가 인기를 끄는지 알고 있어야 합니다. 최신 인기 트렌드를 정확하게 아는 것은 틱톡 운영 전략에서 기본 중 기본입니다. 음악도 예외가 아닙니다. 틱톡 영상 하단에 표시된 음악 타이틀을 클릭하면 해당 음악으로 만든 영상이 보이는데요. 이때 영상 수가 1만 개 이상이면 이 음악이 틱톡에서 인기를 얻고 있다고 평가할 수 있습니다.

둘째, 음악의 타이밍과 영상에서 음악을 어떻게 활용하는지가 중요합니다. 음악에 맞는 립싱크와 춤 동작 등은 영상을 흥미롭게 만듭니다. @falcopunch 계정의 영상을 보면 음악 선곡의 타이밍 및 활용과 관련해 다양한 아이디어를 얻을 수 있습니다.

P&G의 손 세정제 세이프가드Safeguard는 #SafeguardSplash[62]라는 틱톡 챌린지를 진행했는데요. 이때 자신들이 만든 음악에 맞춰 손을 씻는 영상을 찍어달라고 요청했습니다. 많은 이용자가 직접 영상을 만들며 이 챌린지에 참여했고, #SafeguardSplash 해시태그의 총영상 수는 19억 뷰에 달했습니다.

펩시에서는 펩시 캔을 세워놓은 테이블 위쪽으로 축구 경기를 방송하는 TV를 설치하고 배경음악으로 UEFA 챔피언스 리그의 공식 테마송을 담은 틱톡 영상을 제작했습니다.[63] 단순한 영상이지만 효과가 매우 좋았습니다. 스포츠 경기를 볼 때 펩시와 함께해야 한다는 메시지를 배경음악을 통해 전달했기 때문입니다.

영상 아이디어

브랜드 계정의 영상을 많이 바이럴시키기 위해서는 틱톡 트렌드에 올라타거나 이 트렌드를 창의적으로 변형하는 것이 중요합니다.

먼저 트렌드에 올라타기 위해서는 현재 트렌드를 파악해야겠지요. 트렌드를 파악하기 위한 방법은 다음과 같습니다.

---

62. https://bit.ly/3nrZXyG
63. https://bit.ly/33AL5qE

첫 번째 방법은 탐색 버튼을 통해 살펴보는 것입니다. 틱톡 화면 하단에 위치한 [탐색] 기능을 통해 인기 해시태그, 인기 음악을 알 수 있습니다. 추천 피드를 볼 때 반복적으로 특정 음악이 들린다면, 화면 하단의 음악 타이틀을 클릭해보세요. 같은 음악을 사용한 영상들을 바로 확인할 수 있습니다. 이때 해당 영상 수와 영상의 지표를 보면서 틱톡 트렌드를 파악할 수 있습니다.

두 번째 방법은 브랜드 계정에만 제공하는 [비즈니스 크리에이티브 허브]를 이용하는 것입니다. 브랜드 계정에서 프로필 오른쪽 상단에 위치한 설정 버튼을 클릭하면 비즈니스 도구 모음을 선택할 수 있습니다. 여기에 [비즈니스 크리에이티브 허브]가 있습니다. 허브에서는 브랜드 계정이 제작한 영상 중에서 뷰 기준 인기 영상, 좋아요 및 댓글 기준 인기 영상, 그리고 일반 이용자의 인기 영상 등 3가지 기준으로 인기 있는 영상을 찾을 수 있습니다.

이 2가지 방법으로 30분~1시간 정도 틱톡 영상을 살펴보다 보면 현재의 틱톡 트렌드가 무엇인지 감을 잡을 수 있을 것입니다.

바이럴이 잘되는 영상을 만들기 위해서는 무엇보다 일단 가능한 한 많은 영상을 제작해보는 것이 중요합니다. 여러 영상을 제작한다고 모두 인기를 얻는 것은 아닙니다. 하지만 이런 시행착오를 통해 이용자의 호응을 얻는 영상이 무엇인지 직접 확인해나가야 합니다. 반대로 호응이 없는 영상 포맷과 구성은 빠르게 버려

벤츠의 로고 영상 만들기 챌린지.

야겠지요. 브랜드만의 창의적 영상을 제작하는 방법 또한 몇 가지 유형으로 나눠볼 수 있습니다.

먼저 브랜드만의 특정 포맷을 만들어 이를 트렌드 변화에 따라 변형시켜나가는 방법을 추천합니다. 자신만의 포맷으로 성공한 대표 브랜드 계정은 〈워싱턴포스트〉(@washingtonpost)입니다. 〈워싱턴포스트〉만의 포맷으로 편집국 내부의 모습을 담거나 주요 뉴스를 흥미로운 내러티브로 소화하고 있습니다.

메르세데스-벤츠(@mercedesbenz)의 경우 브랜드 로고 포맷을 이용해 초기 팔로워 규모를 성장시켰습니다. #MBStarChallenge[64]를 통해 이용자에게 벤츠 로고를 창의적으로 만들어보

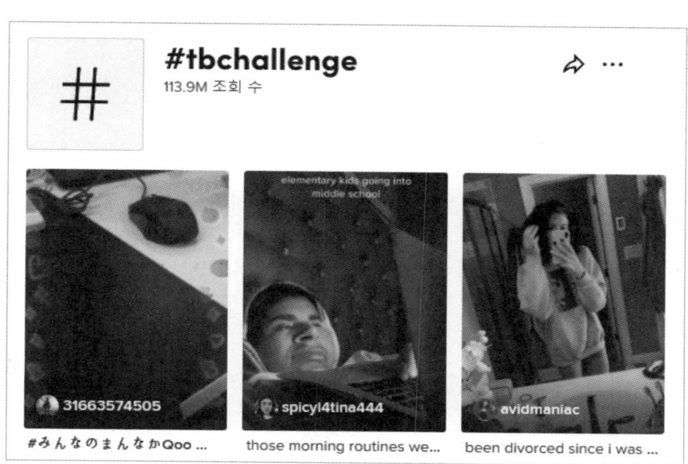

전 세계 틱톡 이용자가 참여한 버버리의 브랜드 챌린지.

는 챌린지를 벌였는데요. 이 로고 챌린지에는 많은 사람이 참여해 2022년 1월 기준 8억 7000만 뷰가 만들어졌습니다. 벤츠는 이 캠페인을 위해 직접 제작한 음악 'Shape like a Shining Star'를 제공했습니다. 로고 챌린지는 브랜드와 관련해 특정 포맷을 이용자가 기억하도록 도와줍니다.

버버리(@burberry)도 버버리 브랜드를 만들어보는 #tbchallenge[65]를 진행했고, 브랜드 영상 단 2개만으로 총 1억 1200만 뷰를 만드는 데 성공했습니다.

64. https://bit.ly/3fjSX2p
65. https://bit.ly/3qqMWY3

창의적 영상을 만들기 위해 브랜드는 자신만의 영상 테마를 구축하는 것이 좋습니다. 특별한 테마를 통해 인기를 끄는 틱톡 브랜드 채널로는 샌디에이고 동물원(@sandiegozoo)이 대표적입니다. 이 계정의 영상은 촬영에 큰 노력을 들이지 않습니다. 그러나 이용자 반응은 폭발적입니다. 동물이라는 테마가 갖고 있는 힘이겠죠.

틱톡에서 음식 관련 영상이나 레시피 영상도 꾸준히 인기를 얻고 있는 테마입니다. 여기서 중요한 점은 오리지널 영상을 제작할 때 그 음식을 먹고 싶은 사람이 영상을 따라 찍기 쉽도록 만들어야 한다는 것입니다.

영상 아이디어가 고갈되었을 때는 커뮤니티를 활용하는 것도 좋은 방법입니다. 자신의 팔로워에게 질문을 하고, 그 질문에 대한 답을 담은 영상을 제작해보세요. 생각하지도 못했던 다양한 영상 테마가 이 과정을 통해 탄생할 수 있습니다.

틱톡은 댓글을 영상에 쉽게 가져올 수 있는 기능을 제공합니다. 수많은 틱톡 크리에이터가 댓글 영상을 제작하고 있습니다. 특히 브랜드 계정은 이용자의 댓글에 영상 형식으로 대댓글을 달 수 있습니다. 듀엣과 이어 찍기 방식으로 이용자 영상에 반응하는 것도 바이럴 효과를 높이는 방법입니다.

TikTok Tip

틱톡 댓글 마케팅이란?

틱톡 인기 영상에서 댓글을 읽다 보면 종종 브랜드가 쓴 댓글을 마주할 때가 있습니다. 최근에는 다양한 브랜드가 틱톡 댓글 마케팅에 뛰어들고 있죠. 2021년 11월 12일 발행된 테일러 스위프트Taylor Swift의 틱톡 영상[66]을 살펴보겠습니다.

첫 번째 댓글은 23만 회가 넘는 좋아요와 698개의 대댓글을 기록하고 있는데, 이 댓글을 단 계정은 @History입니다. @History는 미국 방송 채널 중 하나입니다. 두 번째 댓글은 언어 학습 앱인 듀오링고Duolingo에서 남겼는데, 17만 개 이상의 좋아요와 557개의 대댓글이 달렸습니다. 심지어 틱톡 공식 계정이 남긴 "swifties make my fyp RED ♥"라는 댓글도 7만 9400개의 좋아요와 131개의 대댓글을 기록하고 있습니다.[67]

소셜 미디어의 바이럴 현상에 이른바 '숟가락 얹기'는 매우 효과적인 방식입니다. 그 때문에 브랜드 마케팅 담당자는 틱톡의 탐색 페이지[68]를 정기적으로 살펴보며 댓글을 통한 마케팅 또는 밈Meme 마케팅을 적극 활용해야 합니다. 틱톡과 유튜브는 좋아요를 가장 많이 받은 댓글을 상단에 노출시키고 있기 때문입니다.

66. https://bit.ly/3qrwvut
67. 해당 댓글들은 현재 지워진 상태이지만, 다른 공식 브랜드의 댓글에도 많은 좋아요와 대댓글이 달려 있음을 확인할 수 있다.
68. 인기 해시태그 및 인기 음악 탐색.

테일러 스위프트의 틱톡 영상에 달린 댓글.

이렇게 틱톡의 인기 영상을 살펴보면 댓글을 적극 활용하는 브랜드가 많습니다. 폭발적인 도달 거리를 얻고 있는 틱톡 영상의 댓글은 영상의 도달 거리에 비해서는 상대적으로 작지만, 영상 자체의 도달 거리가 워낙 크기 때문에 댓글 도달 거리 또한 커지게 됩니다.

그렇다면 댓글의 도달 거리는 어느 정도일까요? 여기 4000만 뷰를 기록하고 있는 영상이 있다고 가정해보겠습니다. 이 중 10분의 1이 댓글을 본다고 가정하면, 상단에 위치한 댓글은 이론적으로 약 400만 명의 이용자 기억에 남을 수 있다는 이야기입니다.

댓글 마케팅의 또 다른 장점은 댓글의 상단을 차지할 경우 매우 오랜 기간 이용자에게 노출될 수 있다는 것입니다. 유튜브의 경우 상단 댓글의 위치 변동이 심한 편입니다. 그 이유는 인기 영상의 댓글에 대한 좋아요 수가 틱톡과 비교해 매우 적기 때문입니다. 유튜브 댓글에서는 1만 개 미만의 좋아요 수로도 상단을 차지할 수 있습니다. 대신 그만큼 나중에 호응을 받는 댓글에 역전당한 가능성이 높습니다.

듀오링고의 틱톡 댓글 마케팅을 살펴볼 수 있는 영상.

반면 틱톡은 유튜브와 달리 댓글에 좋아요를 누르는 이용자가 대단히 많습니다. 상단을 차지하기 위한 경쟁이 치열하지만, 한번 상단을 차지하면 매우 빠르게 좋아요 수가 증가하는 경향이 있습니다.

유튜브와 다른 틱톡만의 독특한 기능은 계정 댓글에 영상으로 대댓글을 달 수 있다는 점입니다. 틱톡 댓글 마케팅의 꽃은 틱톡 이용자가 브랜드의 댓글에 자발적으로 영상 댓글을 남기게끔 하는 것입니다.

듀오링고의 사례를 보시죠. 듀오링고의 틱톡 계정은 400만 명 이상의 팔로워를 가지고 있는 인기 계정입니다. 듀오링고의 틱톡 운영 팀은 인기 영상에 멋진 댓글도 잘 남기지만, 자신의 계정에서 다른 브랜드 틱톡 운영 팀과 댓글 대화[69]도 자주 나눕니다.

위의 영상은 틱톡 계정 운영 팀이 타 브랜드 운영 팀에게 주간 미팅 때 어떤 스낵을 먹는지 궁금하다는 질문을 던진 영상입니다. 여기에

69. https://bit.ly/3trk57G

듀오링고와 칙필레의 댓글을 살펴볼 수 있는 영상.

여러 브랜드 계정 운영 팀이 댓글을 달았습니다. 그중 패스트푸드 체인점 칙필레Chick-fil-A의 틱톡 운영 팀에서는 "우린 치킨 너깃을 먹지. 너희는 어떤 소스를 먹어?"라는 댓글을 달았습니다.

현재 이 댓글은 삭제된 상태인데요. 칙필레 창업자가 동성 결혼을 반대하는 사람으로 유명했기 때문입니다. 이에 듀오링고 팀에서는 "Rainbow sauce only plz"[70]라는 대댓글과 영상 대댓글을 달았습니다. 이를 본 여러 틱톡 이용자가 댓글과 대댓글을 틱톡 영상으로 만들며, 이들의 논쟁에 동참했습니다. 이 영상은 순식간에 틱톡에 바이럴되었는데요. 동성애를 지지하는 많은 이용자가 듀오링고를 칭찬하고 앱을 다운로드하는 현상이 이어졌습니다.

원래 댓글은 지워졌지만, 400만 뷰를 기록하고 있는 댓글 영상에서 동영상 대댓글을 확인할 수 있습니다.[71]

70. 무지개는 동성애를 상징하는 컬러.
71. https://bit.ly/3zXIQLa

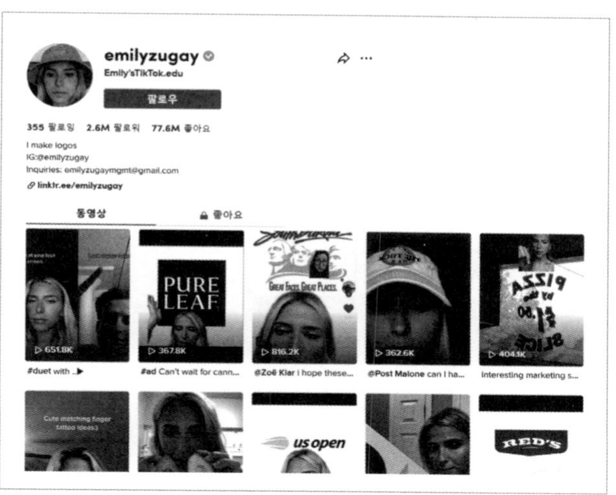

다양한 브랜드의 로고를 리디자인해서 틱톡에 소개하는 에밀리 주게이 틱톡 계정.

듀오링고의 사례를 통해 틱톡에서는 댓글 마케팅을 통해 유기적 도달을 높일 수 있을 뿐 아니라, 브랜드의 커뮤니티 형성도 가능하다는 것을 알 수 있습니다.

참고로 듀오링고는 동성애를 공개적으로 지지하는 브랜드입니다. 듀오링고는 2021년 9월 초 틱톡 공식 계정을 시작한 이후 두 달 만에 150만 명의 팔로워를 확보했는데요. 마스코트 듀오의 영상과 댓글 마케팅을 통해 유기적 도달을 시도했습니다.

또 다른 댓글 마케팅 사례로 틱톡 이용자 에밀리 주게이Emily Zugay를 살펴보겠습니다. 에밀리는 2021년 9월부터 애플, 스타벅스 등 다양한 브랜드의 로고를 리디자인해서 틱톡에 소개하는 계정(@emilyzugay)을 운영 중입니다.

그녀가 만든 애플 및 스타벅스 로고를 리디자인한 영상[72]의 댓글에는 어도비 등 여러 브랜드가 자사 로고를 리디자인해달라고 요청하는 것도 있습니다.

이후 에밀리는 댓글로 요청받은 브랜드 로고를 리디자인한 영상들을 발행했는데요. 이 영상들은 총 1억 뷰를 넘었습니다. 에밀리의 틱톡 계정이 인기를 얻자 〈엘런 쇼(Ellen Show)〉에서 에밀리를 초대해 쇼의 로고를 리디자인해달라는 요청을 하기도 했습니다.

틱톡 댓글 마케팅에서 성과를 내기 위해서는 틱톡을 일방향One-Way 영상 채널로 바라보지 않는 태도가 필요합니다. 틱톡 이용자와의 적극적이고 창의적인 대화가 틱톡 마케팅에서는 필수입니다. 틱톡 브랜드 계정 운영을 대행사에 맡기고 있다면 댓글 마케팅 관련 가이드라인이 꼭 필요하다는 점도 기억해두시길 바랍니다.

72. https://bit.ly/3A16ky2

2장

크리에이터 마케팅

틱톡 마케팅의 두 번째 중요한 축은 크리에이터를 활용한 마케팅입니다. 다른 소셜 미디어 플랫폼처럼 틱톡 크리에이터도 커뮤니티에서 신뢰를 받고 있습니다. 크리에이터는 틱톡을 콘텐츠로 채우고, 이용자가 틱톡 플랫폼에서 즐거움과 유익을 느낄 수 있게 해줍니다. 브랜드 계정이 크리에이터 마케팅을 진행한다는 것은 크리에이터가 갖고 있는 노하우를 다양한 방식으로 활용한다는 것을 뜻합니다.

크리에이터 마케팅을 통해 브랜드는 어떤 콘텐츠가 틱톡에서 효과적으로 작동하는지 배울 수 있으며, 브랜드가 틱톡 계정을 운영할 때 무엇을 주의해야 하는지 알 수 있습니다. 크리에이터는 브랜드의 틱톡 전략에서 매우 중요한 역할을 담당합니다.

크리에이터 마케팅 종류

① 크리에이터가 만든 영상의 브랜드 노출 방식

전통적인 인플루언서 마케팅 형식입니다. 하지만 이 방법은 틱톡에서 다르게 작동합니다. 다른 소셜 미디어와 달리 틱톡에서는 브랜드가 협업 크리에이터를 선정할 때 팔로워 수는 부차적인 기준이 됩니다. 무엇보다 크리에이터의 창의성과 콘텐츠를 협업 선정의 최우선 원칙으로 삼아야 합니다. 틱톡 영상의 도달률은 팔로워 수에 좌우되지 않기 때문입니다. 이것이 인스타그램이나 유튜브 인플루언서 마케팅과 큰 차이점입니다.

틱톡 크리에이터는 자신만의 방식으로 브랜드 영상을 제작할 수 있어야 합니다. 이때 샤우트아웃Shoutout 방식이 효과적입니다. 샤우트아웃은 크리에이터가 특정 브랜드를 공개적으로 지지하거나 브랜드에 대한 호감을 표현한 영상입니다. 해당 브랜드 계정의 콘텐츠를 긍정적으로 평가하면서 팔로잉을 부탁하는 영상도 있습니다.

틱톡 이용자는 크리에이터가 브랜드를 솔직하게 칭찬하는 것을 더 진정성 있다고 평가합니다. PPL 방식의 협업 영상은 브랜드 인지도를 높이는 효과, 샤우트아웃은 브랜드 계정의 팔로워 수를 높이는 효과를 줄 수 있습니다.

브랜드가 샤우트아웃 형식의 크리에이터 영상을 제작한 후, 틱톡 광고를 활용해 도달 거리를 높이는 것도 좋은 방법입니다. 샤우트아웃 영상은 브랜드의 틱톡 광고를 보다 친숙하게 이용자한테 다가가게 만듭니다.

크리에이터가 제작한 두 편의 브랜드 영상 시리즈 중 1편은 크리에이터 계정에, 2편은 브랜드 계정에 발행하는 것도 가능합니다. 여기서 주의할 점은 두 번째 영상의 퀄리티가 첫 번째 영상에 비해 떨어질 경우 역으로 부정적 결과를 가져올 수 있다는 것입니다. 그러므로 크리에이터 영상을 시리즈로 제작할 때는 더욱 많은 아이디어를 담아낼 수 있도록 함께 논의해야 합니다.

② 해시태그 챌린지에 크리에이터가 참여하는 방식

브랜드 계정을 처음 시작하거나 신상품을 소개할 때는 크리에이터와 함께하는 해시태그 챌린지를 하는 것이 효과적입니다. 주의할 점은 해시태그 챌린지는 고비용이 발생하는 틱톡 마케팅 방법

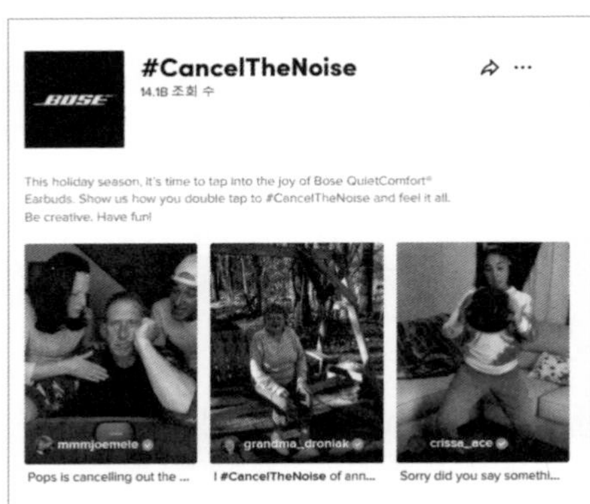

보스의 이어버드 해시태그 챌린지.

보스 해시태그 챌린지가
시작된 틱톡 크리에이터 영상.

이라는 것입니다. 틱톡 초기에는 해시태그 챌린지가 큰 인기를 얻고 많은 참여와 관심을 불러왔는데요. 현재는 성공 가능성이 점점 낮아지고 있습니다.

해시태그 챌린지의 성공을 위해서는 여러 이용자가 따라 찍기를 할 수 있는 요소가 있어야 합니다. 이것이 전제된 상태에서 팔로워가 많은 크리에이터와의 협업도 의미가 있습니다.

대표적 성공 사례는 보스Bose의 이어버드Earbuds 해시태그 챌린지 #CancelTheNoise[73]입니다. 140억 뷰를 만들어낸 이 챌린지의 시발점은 2020년 12월 당시 만 91세의 틱토커가 아이들이

73. https://bit.ly/3GC8mqM

떠드는 소리를 이어버드로 없애고 춤을 추는 장면[74]이었습니다.

이 영상은 따라 찍기 좋은 서사를 갖고 있습니다. '내가 제거하고 싶은 소음 상황을 보여주고, 이 소음이 사라졌을 때 내가 하고 싶은 행동'이라는 모티브는 이용자의 창의성을 자극하는 소재이기 때문입니다.

③ 크리에이터에게 브랜드 계정 영상 제작을 일정 기간 위탁하는 방식

브랜드가 처음부터 틱톡 이용자와 대화하는 방법을 터득하기는 쉽지 않습니다. 반면 크리에이터는 브랜드의 인하우스 운영 팀보다 더 저렴하게, 더 멋진 틱톡 영상을 만들어낼 수 있습니다. 그러므로 크리에이터가 브랜드 계정을 위해 독창적인 스토리 구조와 패턴을 만들어줄 것을 요청하면 좋습니다. 브랜드 계정 운영 팀은 위탁 기간 동안 이 스토리 구조와 패턴으로 영상 제작을 연습한 후, 단계적으로 계정 운영을 넘겨받는 것이 좋습니다.

틱톡 브랜드 계정을 운영할 때는 장기 전략을 먼저 세우는 것이 중요합니다. 이 전략 방향에 맞는 크리에이터 풀을 구성하고, 단기 계획에 따라 조건이 맞는 크리에이터와 협업하면 좋습니다.

---

74. https://bit.ly/3fwuQ0q

협업 크리에이터의 성향이 각기 다르면 브랜드 계정의 정체성도 쉽게 무너질 수 있기 때문입니다. 브랜드의 전략과 어울리는 크리에이터는 브랜드 계정의 콘텐츠 제작에도 기여할 뿐 아니라 계정의 도달 거리를 더욱 높여줄 수 있습니다.

인스타그램 인플루언서 마케팅과 틱톡 크리에이터 마케팅의 차이점

인스타그램 인플루언서와 틱톡 크리에이터는 차이가 있습니다. 그러므로 인스타그램 인플루언서 마케팅 때 사용한 방법을 틱톡에서 사용해선 안 됩니다.

인스타그램 인플루언서는 특정 제품의 사진이나 영상을 찍고, 이 제품의 특징을 설명하며 적극적으로 추천합니다. 팔로워들은 인플루언서의 콘텐츠를 보고 '내가 좋아하는 인플루언서가 추천'했기 때문에 제품에 대한 신뢰를 하게 됩니다. 브랜드는 인플루언서와 팔로워 사이에 형성된 감성적 연결을 통해 이익을 볼 수 있는 것입니다.

반면 틱톡에서는 콘텐츠의 창의성과 진정성이 팔로워와 크리에이터 사이의 유대감보다 중요합니다. 추천 피드를 통해 바이럴되는 영상은 팔로워 수에 좌우되는 것이 아니라, 영상의 틱톡스러움에 달려 있기 때문입니다.

틱톡 이용자가 콘텐츠 자체에 매력을 느껴야 해당 영상의 광고 효과나 브랜드 효과가 커집니다. 이용자가 따라 찍기 등 연쇄 작용을 보이는 현상을 이용자 신호Users' Signal라고 하는데요. 이 신호를 어떻게 만들 수 있을지 고민하고 답을 찾는 것이 틱톡 크리에이터 마케팅의 핵심입니다.

틱톡에서는 특정 제품의 특징과 장점에 대한 표현이 전면에 등장하기보다 배경이나 수단으로 기능하는 것이 좋습니다. 브랜드와 브랜드 메시지는 크리에이터의 창의성에 간접적으로 연결되어야 합니다.

틱톡과 인스타그램의 또 다른 차이점은 인스타그램 인플루언서 마케팅과 달리 틱톡 크리에이터 마케팅은 최소한의 도달 거리를 보장할 수 없다는 것입니다. 인스타그램에서는 팔로워 크기에 따라 최소 도달 거리가 보장됩니다. 반면 틱톡에서 크리에이터 마케팅을 진행한다면 해당 영상에 틱톡 광고를 통해 최소 도달 거리를 만들어야 합니다.

틱톡 이용자는 추천 피드에서 자주 만난 인물이 제작한 영상에 더 관심을 기울입니다. 광고를 통해 크리에이터가 제작한 영상에 노출된다면, 이를 건너뛰지 않고 플레이할 가능성이 높습니다. 그러므로 틱톡 크리에이터 마케팅을 할 때는 반드시 광고와 연결하는 것이 중요합니다.

크리에이터 마케팅의 KPI는 어떻게 잡아야 할까?

틱톡 크리에이터 마케팅을 진행할 때는 영상마다 바이럴 효과가 차이를 보이기 때문에 개별 영상 효과를 사전에 예측하기가 쉽지 않습니다. 이는 결국 크리에이터 마케팅 효과에 대한 예측 가능성을 어렵게 만듭니다.

이렇게 예측하기 어려울 때는 크리에이터와의 협업 가격을 어떤 기준으로, 어떻게 설정해야 할까요?

마케팅 비용을 결정할 때 가장 많이 사용하는 기준은 CPM이며, 인플루언서 또는 크리에이터와 가격 협상을 할 때도 이 CPM을 적용합니다. 협업 영상이나 이미지를 인플루언서 또는 크리에이터 계정에서 발행할 경우 CPM은 중요한 척도입니다. 그런데 틱톡에서는 CPM으로 협업 가격을 결정하기가 쉽지 않습니다. 협업 영상이 어느 수준의 도달 거리를 얻을지 사전에 예측하기 어렵기 때문입니다. 크리에이터 계정 영상의 뷰 수는 일반적으로 변동 폭이 큰 편입니다.

해결책은 협업 크리에이터 영상 뷰의 중간값Median을 계산하고 이를 기준으로 삼는 것입니다. 인플루데이터닷컴InfluData.com에서는 틱톡 크리에이터의 중간값을 제공하고 있습니다. 또한 이 중간값을 기초로 기대 뷰 수 등 예상 효과를 제시합니다.

이렇게 중간값을 기준으로 삼는 이유는 아웃라이어Outlier 때문입니다. 틱톡에서는 특정 영상이 평균값과 매우 큰 차이를 보일 수 있습니다. 이를 가격 기준에 반영하기 위함입니다. 예를 들어, 하나의 영상이 큰 히트One Hit Wonder를 칠 경우 평균값은 올라가지만 중간값은 큰 영향을 받지 않을 수 있습니다. 한 크리에이터 계정이 몇 개의 바이럴 영상을 가지고 있을 때 다른 영상들은 대부분 평균값 이하에 머무는 경우가 많습니다. 이때 중간값을 기준으로 하면 크리에이터와 협상하는 것이 쉬워집니다.

협업 크리에이터 선정 기준으로는 뷰 수 외에도 참여율[75], 팔로워 수, 계정의 성장률 등을 보면 좋습니다. 물론 수치보다 더 중요한 것은 브랜드가 전달하려는 메시지에 어울리는 크리에이터를 찾는 것입니다. 크리에이터가 지나치게 유명하거나 바이럴 영상을 많이 가지고 있을 경우, 오히려 브랜드가 목표하는 이용자나 오디언스에 도달하는 비율은 낮을 수 있습니다. 브랜드의 타

75. Engagement Rate. 좋아요 수 및 댓글 수.

겟 외에도 여러 이용자가 해당 크리에이터의 영상을 즐기고 있기 때문에 분산 효과가 크게 발생합니다. 이 경우 CPM을 낮게 책정하는 것이 바람직합니다. CPM의 기준 비용을 잡는 방향은 다음과 같습니다.

① 인기 틱톡 크리에이터의 경우 CPM은 1000~5000원 정도가 적당합니다. 이때 인기 크리에이터와의 협업 비용은 1000만 원부터 시작합니다. 인기 크리에이터와 협업할 때의 장점은 유기적 도달률이 높을 수 있다는 것입니다. 또한 틱톡 광고를 통해 시너지 효과를 더하는 것이 좋습니다.
② 마이크로 크리에이터의 경우 CPM 1000원부터 가능합니다. 여러 명의 마이크로 크리에이터와 협업하는 것이 몇 명의 빅 크리에이터와 협업하는 것보다 높은 효과를 낼 때도 많습니다.
③ 한국뿐 아니라 북미, 유럽 등에서 유명한 인기 크리에이터의 CPM은 1~4달러입니다. 앞서 설명한 분산 효과 때문입니다.

인기 크리에이터와 협업 효과를 높이기 위해 보너스 계약을 체결하기도 합니다. 해당 크리에이터의 인스타그램 계정을 통해 동일 영상을 릴스로 발행하는 계약, 이른바 바이아웃Buyout 계약을 체결하는 것도 추천합니다.

TikTok Tip

틱톡 계정 영상의 중간값 계산하는 법

외부 서비스에 의존하지 않아도 마케터가 직접 중간값을 계산할 수 있습니다. 모두의 지인(@jiin.love)이라는 계정을 사례로 중간값을 계산해 보겠습니다.

① 우선 2022년 1월 30일 기준 최근 영상 10개를 선택합니다.

② 뷰 수를 오름차순으로 기록합니다. 18.6K, 19.0K, 22.5K, 25.0K, 31.6K, 36.9K, 49.9K, 57.4K, 142K, 177.9K. 이렇게 기록만 해도 크리에이터 영상의 뷰 수가 일정하지 않다는 것을 바로 확인할 수 있습니다.

③ 이 영상들의 평균 뷰값은 58.08K이며 중간값은 34.25K입니다. 중간값은 다섯 번째 수치와 여섯 번째 수치를 더한 다음 2로 나눈 값입니다. 평균값이 중간값보다 큰 이유는 142K와 177.9K를 기록한 두 영상 때문입니다. 브랜드가 크리에이터와 협업할 때 이 두 영상처럼 높은 수치를 기록하면 좋겠지만, 실제로 이는 매우 어려운 목표입니다. 따라서 중간값을 기준으로 크리에이터 마케팅 가격 협상을 진행할 것을 추천합니다.

TikTok Tip

크리에이터 협업 시 체크리스트

① 브랜드 핏 Brand Fit

크리에이터나 크리에이터가 지금까지 만든 틱톡 영상이 브랜드 또는 브랜드가 추구하는 가치와 어울릴까요?

② 어젠다 세팅 Agenda Setting

크리에이터는 브랜드가 계획하고 있는 캠페인의 메시지 또는 어젠다를 어느 정도 소화할 수 있을까요?

③ 핵심 성과 지표 Key Performance Indicator, KPI

크리에이터 계정의 지표는 어떠한가요? 영상의 중간값, 팔로워 수, 참여율은 어떠한가요? 이 계정 지표는 강력하게 바이럴된 한두 편의 영상에 영향을 받은 것인가요, 아니면 오랜 시간 동안 형성된 건가요? 크리에이터가 오랜 기간에 걸쳐 신뢰도를 쌓아온 것일수록 좋습니다. 브랜드가 틱톡 브랜드 계정을 운영할 때 구축해야 할 신뢰도를 크리에이터를 통해 이전받을 수 있기 때문입니다.

협업 영상에 대한 브리핑 작성법

브리핑 문서는 브랜드가 크리에이터에게 요구하는 사항과 기대치를 담은 것입니다. 브리핑 작성 시 마케터가 자주 범하는 실수는 크리에이터의 창작의 자유를 제약하는 것입니다. 앞서 설명드린 것처럼 틱톡은 크리에이터가 개별 영상에서 펼칠 수 있는 창의성에 따라 퍼포먼스에 큰 차이가 납니다. 따라서 틱톡 크리에이터 마케팅의 브리핑은 다른 가이드라인을 제시해야 합니다.

브랜드의 CI나 브랜드 가이드라인을 너무 강하게 고집하지 마세요. 물론 브랜드를 부정적으로 묘사하거나 틱톡 영상이 기업 이미지에 부합하지 못한다면 문제겠지요. 하지만 너무 자세하고 꼼꼼한 가이드라인은 오히려 틱톡 크리에이터 마케팅 효과를 크게 떨어뜨릴 수 있습니다.

브리핑 문서에는 캠페인의 목표와 제품 그리고 기업에 대한 주요 정보를 담는 것으로 충분합니다. 물론 발행 이전 크리에이터가 제작한 영상에 대해 의견을 교환하는 것은 반드시 필요합니다. 이때 가장 중요한 점은 브랜드 영상의 언어와 비주얼이 해당 크리에이터 계정에서 지금까지 발행한 영상과 조화를 이루어야 한다는 것입니다. 그러기 위해서는 브랜드가 틱톡 크리에이터를 신뢰해야 합니다. 크리에이터는 틱톡 이용자 또는 틱톡 커뮤니티가 무엇을 선호하는지, 어떤 영상을 보길 원하는지 잘 알고 있기 때문입니다. 협업 영상 제작 이전 그리고 이후에, 틱톡 이용자가 브랜드를 진정성 있게 수용하도록 하려면 무엇이 필요한지 협업 크리에이터와 진지하게 대화해보길 권합니다.

크리에이터가 브랜드 영상을 만든 후 마케터는 핵심 키워드가 빠지지는 않았는지, 링크와 해시태그가 영상이나 카피에서 정확하게 표현되었는지 반드시 체크해야 합니다.

TikTok Tip

브리핑 문서 작성 예시

[1] 캠페인 진행

① OOO 캠페인은 2022년 OO월 OO일 시작합니다.

② 크리에이터의 틱톡 영상은 2022년 OO월 XX일에 발행해야 합니다.

③ 영상을 발행할 때 다음의 해시태그를 포함해야 합니다.

○ #####

④ 또한 (기업) 계정 @_____을 언급해야 합니다.

⑤ 2022년 OO월 YY일까지 당신이 제작할 틱톡 영상의 스토리를 2~3개 문장으로 요약해 이메일 ____@_____ 로 보내주십시오. 우리는 이를 통해 당신이 계획하고 있는 영상이 어떻게 구성될지 사전에 대략적인 감을 잡고 싶습니다.

⑥ 그 밖에도 우리에게는 다음 조항이 중요합니다. 제작 과정에서 아래 조항을 고려해주시길 바랍니다.

1. ____

2. ____

[2] 캠페인 영상 주요 정보

① 우리는 영상 제작과 관련해 당신한테 완전한 자율성을 보장해드리고 싶습니다. 영상의 창의성이 높을수록 우리 브랜드에 도움이 될

거라고 생각하기 때문입니다.

② 이번 캠페인의 목표는 다음과 같습니다.

캠페인 목표: ____

③ 영상에서 담겨야 할 부분, 피해야 할 사항은 다음과 같습니다.

Dos: ____

Don'ts: (브랜드 또는 제품을 칭찬만 하는 일은 피해야 합니다)

Wording: ____

Visibility: ____

[3] 브랜드/제품/서비스 주요 정보

아래는 영상 제작에 참조할 우리 브랜드/제품/서비스의 주요 정보입니다.

____

____

틱톡 크리에이터 마케팅 사례 살펴보기

첫 번째 사례는 크록스Crocs입니다. 크록스는 2021년 4월 여러 크리에이터와 함께 #GetCrocd 캠페인[76]을 시작했습니다. 약 97억 뷰를 달성해 성공한 이 캠페인은 크록스가 개발한 AR 필터를 이용해 실제 크록스를 신어보지 않아도 크록스의 다양한 모델을 경험해보는 효과를 전달하는 내용으로 진행되었습니다. 여기엔 여러 크리에이터가 참여했는데요. 그들의 협업 영상을 보면 크리에이터의 자율성을 무엇을 의미하는지 쉽게 이해할 수 있을 것입니다.

두 번째 사례는 영국의 패스트 패션 기업 아소스ASOS입니다. 코로나19 팬데믹 기간 동안 틱톡에서는 다양하고 창의적인 패션 런웨이Run Way 영상이 인기를 끌었습니다. 뉴욕, 런던, 파리, 밀라노의 패션쇼 런웨이가 아닌 집, 슈퍼마켓, 산책길 등이 런웨이가 되었지요.

틱톡 런웨이 유행을 이끈 사람은 영국의 틱톡 크리에이터이자 모델 루이스 포웰Louis Powell입니다. 그의 계정(@youngmanpowell)을 살펴보면 코로나19 팬데믹 때 패션쇼가 어떻게 틱톡 공간을 사

76. https://www.tiktok.com/tag/getcrocd

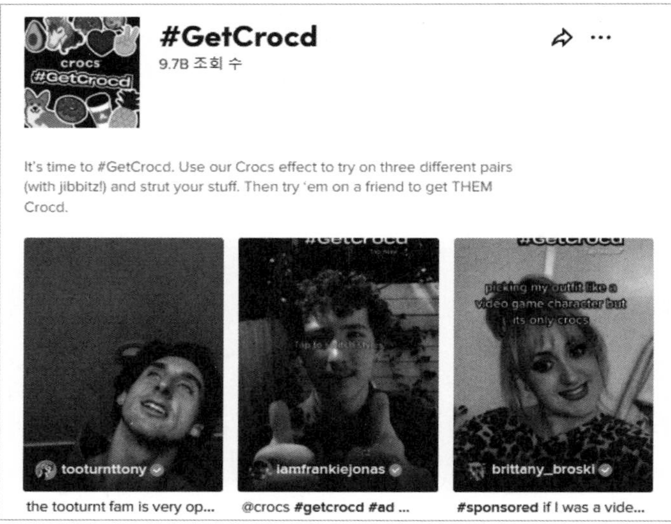

크록스의 틱톡 캠페인.

로잡았는지 이해할 수 있습니다. 아소스는 이 흐름을 빠르게 인지하고 2020년 8월 캠페인 #AySauceChallenge[77]를 시작했습니다.

이 캠페인은 25억 뷰를 달성하며 큰 성공을 거두었는데, 그 구성이 매우 단순합니다. 3개의 서로 다른 패션 아이템을 이용해 나만의 런웨이를 틱톡 영상으로 찍어서 올리는 캠페인입니다. 여러 크리에이터가 창의적인 런웨이를 선보인 영상을 만들었고, 이

77. https://www.tiktok.com/tag/AySauceChallenge

를 따라 틱톡 이용자들의 따라 찍기가 연쇄적으로 일어나며 캠페인은 강력하게 바이럴되었습니다.

세 번째 성공 사례는 텍사스식 멕시코 음식 체인점 치폴레Chipotle의 캠페인입니다. 소셜 미디어 플랫폼에서 가장 인기 있는 소재 중 하나는 음식입니다. 그만큼 다양한 브랜드 캠페인을 진행하기 때문에 푸드 브랜드의 캠페인이 성공하기란 쉬운 일이 아닙니다. 치폴레는 틱톡 푸드 계정을 꾸준히 운영하면서 정기적인 캠페인으로 인기를 얻고 있는데요. 2020년 11월에는 인기 틱톡 크리에이터 데이비드 도브릭David Dobrik(@daviddobrik)과 함께 #chipotleroyalty 캠페인을 시작했습니다. 브리토를 만드는 데이비드 도브릭의 영상을 보며 틱톡 이용자들이 자신만의 브리토 레시피를 담은 영상을 제작하는 캠페인을 벌인 것이죠. 치폴레는 캠페인을 통해 자연스럽게 틱톡 따라 찍기 영상을 확산시켰습니다. 그리고 1위를 차지한 따라 찍기 영상에 1만 달러의 상금을 제공하고, 이것을 치폴레의 공식 메뉴로 판매하기도 했습니다.

3장

틱톡 광고 집행하기

틱톡 마케팅 전략을 짤 때는 틱톡 광고를 잘 활용하는 것도 중요합니다.

동일한 도달 거리를 기준으로 금액을 살펴보면 틱톡 광고는 다른 플랫폼 대비 저렴하지 않습니다. 또한 틱톡은 매우 빠른 시간(24시간) 동안 대량의 CPM 도달이 가능하기 때문에 일반적으로 브랜드는 틱톡 광고 집행 시 도달 거리를 높게 설정합니다. 총비용 측면에서 틱톡과 다른 플랫폼 사이에 차이가 있지만 도달 거리를 넘어서는 효과를 고려한다면 이런 금액 차이는 브랜드에 큰 의미가 없습니다. 나아가 틱톡을 포함한 페이스북, 인스타그램, 유튜브의 광고 가격은 트래픽, 전환, 앱 설치 등 광고의 목표, 성별, 나이, 언어, 관심사 등 도달 고객의 특징, 브랜드가 속한 산업 그리고 광고 형식에 따라 차이가 나기 때문에 "어느 플랫폼의 광고 가격이 저렴하다"고 쉽게 평가하기란 불가능에 가깝습니다.

하지만 현재 제삼자 쿠키 이용 제한을 강화하고, 타겟팅 광고 및 리타겟팅 광고 규제 또한 강화하는 흐름을 고려한다면 틱톡 광고가 더 장점을 갖고 있습니다. 틱톡의 추천 알고리즘은 이용자 사이의 네트워크(소셜 그래프)가 아닌 틱톡 이용자의 관심과 취향(콘텐츠 그래프)에 기초하고 있기 때문입니다. 틱톡 알고리즘은 이용자 집단을 매우 정교하게 분류한 데이터를 갖고 있어 제삼자 쿠키 없이도 목표 이용자 집단에 보다 효과적으로 도달할 수 있다는 평가를 받고 있습니다.

또한 틱톡 브랜드 계정에 발행한 오리지널 영상이 일정 수준의 유기적 도달 거리를 기록하고 있다면, 틱톡 광고는 이 유기적 도달 거리를 증폭시키는 효과가 있습니다. 틱톡 광고 영상을 제작하고 이 광고 영상에 틱톡 광고를 집행하는 것보다 틱톡 브랜드 계정의 오리지널 콘텐츠에 틱톡 광고를 결합할 경우 광고 예산을 더 경제적으로 운영할 수 있습니다.

인스타그램처럼 틱톡도 계정 프로필에만 외부 링크를 제공합니다. 틱톡 광고가 필요한 또 다른 이유는 브랜드 웹사이트 또는 앱으로 이동할 수 있는 CTA Call to Action 기능을 틱톡 광고를 할 때만 달 수 있기 때문입니다. 틱톡은 높은 CTA 비율 또는 높은 전환율을 자랑하지만, 아직까지 틱톡 전환율에 대한 외부 기관의 포괄적인 평가가 이루어지지는 않았습니다. 그 때문에 틱톡 광고 효과, 특히 전환율을 평가하기 위해서는 브랜드가 직접 다양한 광고 캠페인을 진행해보는 것이 좋습니다. 이를 통해 최고의 효율을 찾아내는 것이 필요합니다.

틱톡 마케팅에서 틱톡 광고는 틱톡 계정 운영 및 크리에이터 마케팅과 함께 큰 전략적 의미를 갖고 있습니다. 이제 틱톡 광고는 어느 조건에서 더 높은 효과를 내는지, 어떤 광고 형식이 있는지, 어떻게 광고캠페인을 운영하면 좋은지 등에 대해 알아보겠습니다.

왜 틱톡 광고인가?

브랜드 마케터라면 틱톡 광고가 얼마나 의미 있는지 스스로에게 질문한 경험이 있을 것입니다. 특히 타 브랜드가 틱톡 광고에서 성과를 얻지 못했다는 소식을 들었다면, 더욱 의구심이 생길 수밖에 없습니다. 틱톡 플랫폼이 빠른 속도로 성장하고 있다는 사실만으로는 광고를 집행할 수 없기 때문입니다. 그렇다면 틱톡 광고가 유의미한 성과를 내는 것은 어떤 경우인지 알아보겠습니다. 이를 근거로 브랜드는 틱톡 광고 집행 여부를 결정할 수 있을 것입니다. 만약 이 근거에 설득되지 않는다면 기존에 하던 대로 유튜브, 페이스북, 인스타그램에 계속해서 집중하면 됩니다.

① 브랜드 제품 및 서비스의 타겟 이용자가 틱톡의 핵심 이용자 그룹과 일치할 때

틱톡 핵심 이용자는 다양한 통계에서 밝혀진 것처럼 MZ세대입니다. 한국의 경우 틱톡 이용자 중 만 18세부터 34세 비중은 2021년 기준 53% 수준입니다. 인스타그램, 특히 페이스북의 주요 이용자가 이른바 노화Aging하고 있다면, 틱톡은 Z세대 이용자의 밀도가 매우 높으며, M세대로 빠르게 확장되고 있습니다. MZ세대를 타겟으로 삼는 브랜드라면 틱톡은 포기할 수 없는 플랫폼입니다.

② 경제적 광고 운영이 필요할 경우

CPM만을 기준으로 소셜 미디어 플랫폼의 광고 가격을 비교하는 데는 한계가 있습니다. 틱톡의 CPM은 타 플랫폼과 유사한 수준을 보이고 있기 때문입니다. 대신 틱톡은 숏폼 영상의 밀도만큼 젊은 소비자 타겟 집단의 높은 밀도를 자랑하고 있습니다. 이는 단기간에 광고 목표를 달성하는 유효성Effectiveness이 높다는 뜻입니다. 나아가 숏폼 영상 플랫폼은 비용 측면에서 또 다른 긍정적 효과를 가지고 있습니다. 숏폼 영상은 높은 창의성을 요구하지만 15~30초라는 영상 길이로 인해 제작비가 유튜브 광고 대비 낮은 편입니다.

틱톡에서는 4K 품질의 영상보다 스마트폰으로 제작한 영상이 오히려 진정성을 드러내는 데 효과적입니다. 따라 찍기 등 이용자의 연쇄 작용을 일으키기 위해서는 영상 스토리 또한 이용자가 쉽게 접근할 수 있는 구성을 갖춰야 합니다.

영상 제작비가 높다는 것은 그만큼 이용자의 참여를 제한할 가능성이 크다는 의미입니다. 틱톡 광고캠페인을 진행하기 전에 이 책 2부 1장 '유기적 브랜드 계정 운영 전략'에서 설명드린 규칙을 다시 한번 숙지할 것을 권합니다.

③ 오리지널 콘텐츠의 유기적 도달률을 높이고 싶은 경우

브랜드 계정이 발행한 영상과 협업 크리에이터가 생산한 영상을 오리지널 영상이라고 하는데, 틱톡에서 도달 거리를 입증한 영상이라면 인스타그램 릴스와 유튜브 쇼츠에서도 같은 효과를 얻을 수 있습니다.

틱톡에서 작동하는 영상을 제작했다면 이 영상의 유기적 도달률을 확장시키기 위해 틱톡 광고를 집행하는 것이 좋습니다. 이 경우 경제적 효과도 높습니다. 유기적 도달률의 확장은 틱톡 광고가 가진 가장 큰 전략적 이점입니다. 또한 틱톡 광고를 집행할 경우 해당 영상에 대해 틱톡 분석 도구Analytics가 제공하는 것보다 많은 추가 정보를 얻을 수 있습니다.

④ 틱톡 광고는 퍼포먼스 마케팅에도 효과적

틱톡 광고는 다양한 목표 설정을 제공하고 있습니다. 그중에서 전환은 리드, 앱 다운로드, 구매, 회원 등록 등의 세부 목표로 이뤄져 있습니다. 특히 틱톡 광고 관리자에서 매우 세분화된 이용자 그룹을 선택해 타겟팅할 수 있습니다. 전환 타겟팅에는 크게 관심사 타겟팅과 행위 타겟팅의 옵션이 존재합니다.

관심사 타겟팅Interest Targeting에서 선택 옵션은 페이스북 광고와 유사하지만 틱톡 알고리즘 덕분에 타겟 도달 정확도는 더 높은 것으로 평가받고 있습니다. 행위 타겟팅Behavioral Targeting은 틱톡 이용자가 지난 7일 또는 14일 동안 틱톡에서 한 좋아요, 댓글, 공유, 영상, 발행, CTA 참여 등의 행위에 기초합니다.

행위 타겟팅 선택에서 브랜드는 특정 행위 및 이 특정 행위와 연관된 영상 카테고리를 선택할 수 있습니다. 이렇게 행위 타겟팅을 통해 브랜드는 틱톡 플랫폼을 적극 활용하는 이용자에게 접근할 수 있습니다.

또한 틱톡 타겟팅 광고에서 브랜드는 '사용자 지정 타겟Custom Audience'과 '유사 타겟Lookalike Audience'이라는 선택을 제공받습니다. 사용자 지정 타겟은 이미 브랜드와 1회 이상 상호작용을 한 이용자를 말합니다. 유사 타겟은 브랜드의 기존 고객과 공통된 특징을 가진 오디언스를 말합니다. 사용자 지정 타겟보다 유사 타겟의 크기가 큽니다.

틱톡 브랜드 계정은 유기적 도달을 위해 이용하고 틱톡 광고는 전환 등 퍼포먼스를 위해 운영하는 식의 결합 마케팅 전략도 효과적입니다.

⑤ 브랜드가 빠른 시간 내에 도달률을 극대화하고 싶은 경우

설정된 틱톡 광고 목표를 실현하는 데 걸리는 시간은 보통 24시간입니다. 그만큼 틱톡 이용자의 이용 밀도가 높기 때문입니다. 또한 틱톡 이용자는 팔로워 피드보다 추천 피드를 즐겨 사용하기 때문에 틱톡 알고리즘은 빠른 시간 내에 목표 도달률을 가능하게 합니다. 이러한 광고 효과의 속도는 특히 신제품 론칭이나 이벤트에 효과적입니다.

틱톡 광고 형식

틱톡 광고 형식의 유동성은 브랜드 마케터가 틱톡의 광고 형식을 자주 공부해야 하는 불편함을 주기도 합니다. 틱톡 광고는 크게 2가지 유형으로 분류할 수 있습니다. 하나는 브랜드가 틱톡 세일즈 팀과 접촉해 큰 캠페인을 진행하는 데 적합한 형식이고, 다른 하나는 브랜드가 틱톡 광고 관리자를 통해 직접 광고 형식과 광고 캠페인의 세부 사항을 결정하는 형식입니다. 첫 번째 형식에 속하는 것이 해시태그 챌린지와 테이크오버Takeover입니다. 해시태그 챌린지의 경우 광고 위치 설정Placement에만 2억 원 이상의 비용이 발생하기도 합니다. 인피드 광고가 두 번째 형식에 속하며, 이 경우 광고 위치는 주로 경매 방식으로 결정됩니다. 그 때문에 상대적으로 작은 예산으로도 유연한 광고 운영이 가능합니다.

① 인피드 광고In-Feed Ads

인피드 광고는 틱톡에서 가장 많이 이용하는 형식입니다. 페이스북이나 인스타그램 광고와 유사합니다. 광고가 위치하는 곳은 추천 피드입니다. 아직까지 팔로워 피드에는 틱톡 광고가 노출되지 않습니다. 인피드 광고에서 랜딩 페이지와 연결이 가능하기 때문에 다양한 CTA를 시도할 수 있습니다. 앱 다운로드, 전환, 리드 생성, 그리고 팔로워 증가 등이 대표적 CTA입니다.

② 스파크 광고Spark Ads

스파크 광고는 2021년 도입한 새로운 광고 형식입니다. 스파크 광고는 브랜드 계정의 오리지널 콘텐츠 또는 틱톡 크리에이터의 오리지널 콘텐츠를 인피드 광고로 활용하는 것입니다. 예를 들어, 틱톡에서는 크리에이터가 브랜드와 사전 협의 없이 브랜드를 소재로 영상을 제작하는 경우가 종종 있습니다. 이 영상의 유기적 반응이 좋을 경우, 브랜드가 영상을 만든 크리에이터의 동의를 받거나 계약을 통해 해당 영상을 광고로 이용하는 방식이 스파크 광고입니다. 이미 영상의 매력이 입증되었기 때문에 광고를 통해 효과를 극대화할 수 있습니다. 상대적으로 저렴한 비용과 빠른 효과가 스파크 광고의 장점입니다.

③ 브랜드 테이크오버Brand Takeover와 톱 뷰 광고Top View Ads

틱톡 앱을 시작하자마자 등장하는 광고가 테이크오버와 톱 뷰입니다.

테이크오버는 3초 길이의 이미지 또는 5초 길이의 영상 형식으로 둘 모두 사운드가 지원되지 않습니다. 이에 비해 톱 뷰는 15초 이상 최대 60초 길이로 사운드와 함께 제공됩니다.

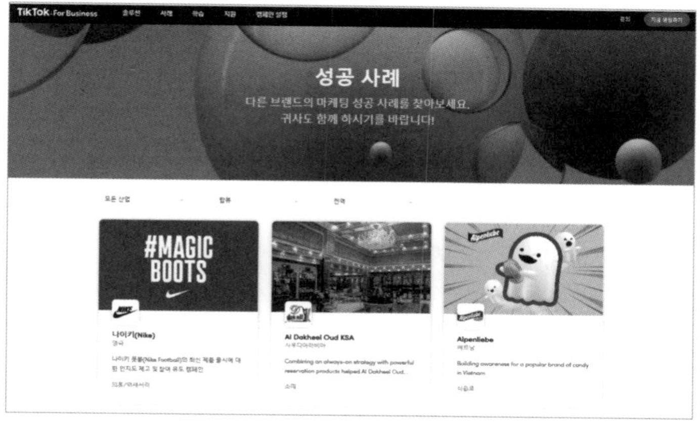

틱톡 비즈니스에서 확인할 수 있는 톱 뷰 광고 성공 사례.

테이크오버와 톱 뷰의 경우 폭넓은 틱톡 이용자층에 노출되며 브랜드 인지도를 크게 높일 수 있습니다. 특히 톱 뷰는 브랜드의 해시태그 챌린지를 알리거나 다양한 CTA를 유도할 수 있습니다. 보통 톱 뷰가 테이크오버보다 높은 효율성을 보일 수 있으며, 그만큼 광고 가격에도 차이가 있습니다.

그러나 톱 뷰의 단점도 있습니다. 틱톡 이용자가 틱톡 앱을 시작할 때 처음 보는 것이 긴 영상 광고일 때, 이 영상 광고가 매력적이지 않다면 이용자 사이에서 틱톡 서비스 전체에 대한 불만이 높아질 수 있습니다. 그러면 틱톡 서비스에 대한 부정적 인상뿐 아니라 톱 뷰 광고 브랜드에 대한 부정적 인식도 발생할 수 있습니다.

테이크오버와 톱 뷰 광고는 해당 광고 콘텐츠의 매력에 자신감이 없다면 이용하지 않는 것이 좋습니다. 틱톡 톱 뷰 광고의 성공 사례는 틱톡 비즈니스에서 확인할 수 있습니다.

④ 브랜드 해시태그 챌린지Branded Hashtag Challenge

틱톡 광고 중 가장 잘 알려진 형식은 브랜드 해시태그 챌린지입니다. 브랜드 해시태그 챌린지는 틱톡 이용자 또는 틱톡 커뮤니티가 특정 해시태그를 담은 동영상 만들기를 요청하는 이벤트입니다. 틱톡 이용자는 여기에 동참하면서 브랜드 광고를 확산시킵니다. 브랜드 입장에서는 매우 매력적인 광고 형식이죠.

많은 브랜드가 틱톡 초기부터 매우 다양한 해시태그 챌린지를 시도하고 있습니다. 이제는 매우 매력적인 해시태그 챌린지 콘셉트가 없다면 이용자의 참여를 이끌어내기가 쉽지 않습니다. 현재 많은 틱톡 이용자는 해시태그 챌린지에 참여하기보다 인스타그램처럼 콘텐츠 검색, 연관 동영상을 즐기기 위해 틱톡을 이용합니다. 그럼에도 불구하고 해시태그 챌린지 광고는 뚜렷한 장점을 가지고 있습니다.

(1) 광고로서 해시태그 챌린지의 가장 큰 장점은 브랜드 인지도 상승 외에 챌린지를 통해 강력한 커뮤니티를 만들 수 있다는 데

있습니다. 브랜드가 브랜드의 타겟 오디언스를 챌린지에 호출한다는 것은 타겟 오디언스의 눈높이에 맞는 대화를 시도한다는 뜻입니다. 그만큼 브랜드는 이들에게 한 발짝 더 가까이 다가갈 수 있습니다.

(2) 해시태그 챌린지에 이용자가 참여한다면 브랜드는 이 중 인기 있는 영상을 스파크 광고 등에 활용할 수 있습니다. 물론 광고를 위해서는 해당 영상을 제작한 이용자의 동의를 얻어야 합니다.

(3) 브랜드 해시태그 챌린지는 많은 경우 크리에이터와 협업을 통해 진행됩니다. 그 때문에 브랜드 혼자 진행하는 광고보다 이용자의 참여를 더 끌어낼 수 있습니다. 여기서 한 발짝 더 나아가 이용자의 자발적 참여가 발생할 경우 브랜드 가치도 크게 상승할 수 있습니다.

해시태그 챌린지 진행은 틱톡 세일즈 팀 또는 틱톡 공식 대행사를 통해 가능합니다. 틱톡 세일즈 팀은 3일에서 최대 6일까지 진행되는 해시태그 챌린지의 광고 위치 설정, 챌린지 콘텐츠 콘셉트 등에 대한 조언과 지원을 제공합니다.

로레알 파리의 해시태그 챌린지.

⑤ 브랜드 효과 Branded Effects

스티커, 필터, 2D 효과, 3D 효과 등 브랜드 효과는 매우 다양하고 흥미로운 방식으로 틱톡 이용자가 자신의 영상 콘텐츠에 브랜드를 연결시키는 것을 가능하게 합니다. 매력적인 브랜드 효과는 이용자 상호작용을 매우 높게 증대할 수 있습니다. 앞서 소개한 크록스의 AR 필터는 브랜드 효과의 대표 사례 중 하나입니다. AR 필터를 활용한 브랜드 효과 및 이를 이용한 해시태그 챌린지는 좋은 성과를 내고 있습니다. 로레알 파리L'Oréal Paris는 해시태그 챌린지 #GoBoldColorista[78]에서 AR 필터를 활용했습니다.

이용자는 로레알 파리의 컬러리스타Colorista가 제공하는 헤어 컬러를 적용한 AR 필터를 통해 자신의 헤어 색상을 돋보이게 하는 영상을 제작할 수 있었고, 이 캠페인은 총 31억 뷰를 달성하는 성공을 거두었습니다.

미국의 감기·기침약 브랜드 뮤시넥스Mucinex는 감기를 좀비로 상징한 좀비 마스코트를 가지고 있습니다. 뮤시넥스는 좀비 마스코트 '미스터 뮤쿠스Mr. Mucus'를 AR 필터로 제공한 #BeatTheZombieFunk[79] 챌린지를 진행했습니다.

틱톡 이용자는 미스터 뮤쿠스와 함께 좀비 댄스를 추며 챌린지에 참여할 수 있었고, 이 챌린지는 총 59억 뷰의 성과를 기록했습니다. 또한 50만 개 넘는 이용자 제작 동영상이 만들어졌습니다. 브랜드 효과는 해시태그 챌린지Bottom of Funnel와 연결되고 테이크오버Top of Funnel 및 톱 뷰 광고Middle of Funnel 등과 연결되면 폭넓은 이용자 참여를 이끌어낼 수 있는 수단입니다.

---

78. https://www.tiktok.com/tag/goboldcolorista
79. https://www.tiktok.com/tag/BeatTheZombieFunk

틱톡에서 좀비 댄스 챌린지를 진행한 뮤시넥스.

광고캠페인 시작하기

브랜드에서 틱톡 광고를 발행한다면 가장 먼저 인피드 광고로 시작할 것을 권합니다. 인피드 광고는 틱톡 광고 관리자에서 광고 예약 및 집행이 가능합니다. 인피드 광고는 틱톡 세일즈 팀과 연결해서 진행하는 광고보다 예산 측면에서 저렴할 뿐 아니라, 틱톡 광고에 대한 첫 번째 경험과 이로부터 교훈을 얻기에 적합한 광고 형식입니다.

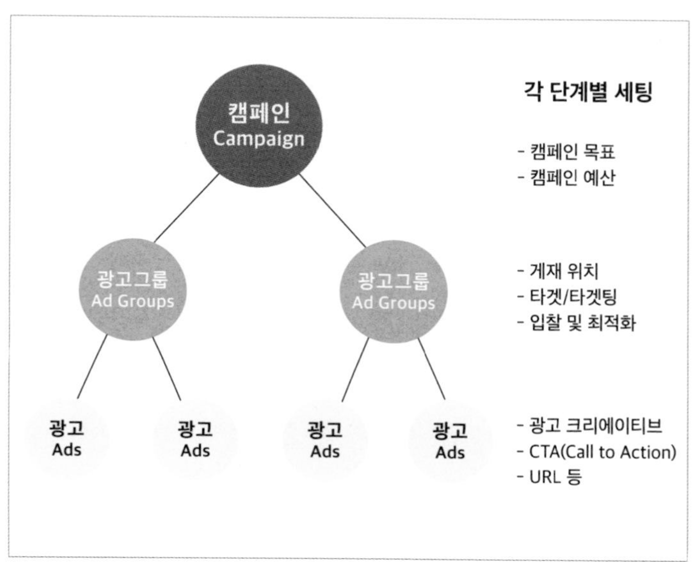

틱톡 광고캠페인의 구조 및 각 단계별 세팅 사항.

틱톡 광고 관리자의 구조와 작동 방식은 페이스북 또는 인스타그램의 광고 관리자와 유사합니다. 하나의 캠페인은 그 안에 여러 광고 그룹을 포함하고, 각 광고 그룹 안에 다시 여러 광고를 포함하는 구조를 갖고 있습니다. 각 구성 단계마다 브랜드 마케터는 다양한 옵션 중 하나를 선택하는 설정을 해야 합니다. 각 구성 단계의 설정 내용은 다음 그림과 표에 설명한 것과 같습니다.

캠페인의 구조 설정은 간편 모드와 사용자 지정 모드 중 하나를 선택해 진행합니다. 기본 설정은 사용자 지정 모드입니다. 사용자 지정 모드에서 캠페인 목표는 3가지 중 하나입니다. 도달 및 인지도Awareness, 관심 유도Consideration, 전환Conversion이 그것입니다.

이 중 관심 유도는 다시 트래픽, 앱 설치, 동영상 조회, 리드 생성, 커뮤니티 상호작용 등 5가지 세부 목표 중 하나를 선택할 수 있습니다. 이렇게 관심 유도 목표를 5가지로 구별하면 틱톡 광고캠페인에서 선택할 수 있는 목표 옵션은 총 7가지입니다.(2022년 2월 기준)

이 7가지에서 도달 및 인지도와 동영상 조회를 제외한 5가지 목표 중 하나를 선택할 경우 틱톡 광고 관리자는 광고 예산 최적화Campaign Budget Optimization, CBO 기능을 제공합니다. CBO를 활성화할 경우 전환 효과가 좋은 광고 그룹에 자동으로 많은 예산이 집행됩니다. 이를 통해 고정된 광고 예산에서도 전환 목표 수치가 높아질 수 있습니다. 그러므로 여러 광고 그룹으로 나누어 캠페인을 집행할 경우 CBO 기능을 활성화할 것을 추천합니다.

틱톡 광고캠페인의 7가지 목표 및 과금 방식

	광고 목표	목표 설명	과금 방식
인지도	도달	광고를 가능한 한 많은 이용자에게 노출	CPM
관심 유도	트래픽	이용자가 특정 웹사이트나 앱에 방문하도록 유도. 앱의 경우 타겟 옵션 선택을 통해 이미 앱을 설치한 이용자 또는 아직 설치하지 않은 이용자로 구별할 수 있음	CPC
	앱 설치	이용자가 앱 스토어나 구글 스토어에 방문하도록 유도. 이미 앱을 설치한 이용자를 제외하는 옵션 선택 필요	CPC
	동영상 조회	이용자가 2초 또는 6초 이상 영상을 시청하도록 유도	CPV
	리드 생성	이용자가 브랜드에서 생성한 리드에 참여하도록 유도	oCPM
	커뮤니티 상호 작용	이용자가 브랜드 틱톡 계정의 프로필 페이지를 방문하거나 계정을 팔로잉하도록 유도	CPC
전환	전환	이용자가 브랜드 설정 웹사이트에서 회원 가입, 구매 등 특정 행동을 하도록 유도. 틱톡 픽셀 사용 추천	CPC 또는 oCPM

TikTok Tip

틱톡 픽셀Pixel 활용하기

틱톡 광고에서 퍼포먼스 광고는 불가능하거나 효과가 작다고 생각하는 브랜드 마케터가 있습니다. 하지만 틱톡 광고 또한 퍼포먼스 마케팅에 대한 효과를 분명하게 갖고 있습니다. 이를 지원하는 기능 중 하나가 틱톡 픽셀입니다.

픽셀의 목표는 리타겟팅 광고를 통해 틱톡 외부에서 브랜드에 관심을 보이는 이용자의 주의를 다시 확보하는 것입니다. 예를 들어, 틱톡 외부(웹사이트)에서 장바구니 담기 또는 구매 등의 특정 행동을 한 이용자를 데이터화(다시 말해, 모수화)하는 기능을 틱톡 픽셀이 담당합니다. 이러한 이용자 추적 데이터를 활용한 광고 설정이 틱톡에서도 가능합니다.

픽셀을 설정하는 방법은 다음과 같습니다.
틱톡 광고 관리자 메뉴에서 [자산]→ [이벤트]→ [이벤트 관리자] → [웹 이벤트]를 선택해 틱톡 픽셀 코드를 브랜드가 설정한 목표 웹사이트에 추가할 수 있습니다. 픽셀 코드 설정은 페이스북, 인스타그램 등 타 플랫폼이 제공하는 픽셀과 유사합니다.

TikTok Tip

리드 생성 광고캠페인 성공 방법

광고캠페인 목표로 리드 생성을 설정했지만 결국 전환에 성공한 사례도 참고하세요.

패션 뷰티 브랜드 니나 리치Nina Ricci와 소버Sober는 틱톡 광고 영상에서 각각 무료 향수 샘플과 99센트 샘플을 나눠주며 틱톡 이용자에게 CTA로 리드 작성을 요구합니다. 샘플 상품에 관심 있는 잠재 고객에게 이름, 이메일 주소 그리고 배송 주소를 입력하게 한 것이죠.

이 고객 정보는 니나 리치와 소버의 CRM에 의해 관리되며, 이후 뉴스레터 등을 통해 고객 생애 가치[80]를 높이는 데 도움을 줍니다. 처음부터 고가의 상품 구매 전환을 시도하기보다 무료 샘플 또는 저가 상품으로 전환의 문턱을 크게 낮출 때 광고 효과가 큽니다. 이때 틱톡 광고캠페인 목표로 리드 생성은 매우 유용합니다.

80. Customer Lifetime Value. 고객이 비즈니스에 기여한 금전적 가치.

광고 입찰 방법

틱톡 광고 관리자는 최저 비용이라는 자동 입찰 방식을 제외하면, 광고 목표 설정에 따라 4가지 서로 다른 입찰 방법을 제공하고 있습니다. 광고 그룹을 생성한 후 그룹별 입찰 방법 선택이 가능합니다. 또한 광고 입찰 방법은 도달, 트래픽, 앱 설치 등 7가지 캠페인 목표 중 무엇을 선택했는가에 따라 달라집니다. 따라서 캠페인 목표를 선택하기에 앞서 어떤 입찰 방법이 존재하며, 각 입찰 방식은 어떻게 작동하는지 알고 있는 것이 중요합니다. 다음은 틱톡이 제공하는 4가지 입찰 방법입니다.

① CPM Cost Per Mile

도달 범위를 극대화해 브랜드 인지도를 높이는 것이 광고캠페인의 목표라면 CPM을 선택합니다. CPM은 명쾌한 세부 타겟팅을 하긴 어렵지만 정해진 광고 예산에서 가장 많은 이용자에게 도달할 수 있는 방법입니다. CPM 방법에서 중요한 것은 양적 결과이며, 이용자 상호작용 등 질적 결과는 아닙니다.

② oCPM optimized CPM

CPM에서 한 발짝 더 나아간 방법이 oCPM입니다. oCPM은 광고의 게재 방법[81]에 따라 광고 노출을 최적화합니다. 또한 oCPM은 광고주가 희망하는, 클릭 같은 이용자 행동을 최대한 높일 수 있는 확률을 고려합니다. 다시 말해 oCPM은 노출뿐 아니라 리드 생성이나 전환 등을 함께 따집니다. 다만, 광고 가격은 노출 기반으로 매깁니다.

③ CPC Cost Per Click

CPC는 최대한 많은 이용자가 클릭할 수 있도록 광고를 노출하는 방법입니다.

④ CPV Cost Per View

틱톡에서 CPV는 CPM과 CPC의 결합이라고 이해하면 됩니다. 광고 동영상 조회 수를 높이는 것이 목표라면 CPV도 하나의 선택 옵션입니다. 광고 동영상 조회 시간을 최소 2초 또는 최소 6초로 설정하는가에 따라 광고 가격이 변화합니다. CPV 입찰 방법을 선택할 경우, 틱톡은 예산 제약 안에서 가능한 한 많은 이용자가 최소 2초 또는 최소 6초 동안 볼 수 있도록 광고 동영상을 노출합니다.

---

81. 예산 대비 효과를 계산해 더 많은 트래픽이 예상되는 시간에 분산해서 광고를 올리는 표준 게재와 최대한 빠르게 광고를 올리는 빠른 게재.

틱톡은 광고 입찰 방법을 선택하기 이전에 A/B 테스트 기회를 제공합니다. 만약 브랜드가 전환을 캠페인 목표로 설정한다면, 선택할 수 있는 광고 입찰 방법은 CPC와 oCPM입니다. 이 때 A/B 테스트 옵션을 고를 수 있습니다. 참고로 A/B 테스트는 타겟, 게재 방법 등 나머지 조건이 동일할 때에만 가능합니다. 틱톡은 A/B 테스트 외에 타겟과 광고 크리에이티브에서 최적화를 테스트할 수 있는 기회도 제공합니다.

광고 그룹 설정하기

틱톡 광고 관리자에서 광고캠페인의 목표를 설정하면 다음 단계로 광고 그룹 설정이 나옵니다. 이 영역에서 프로모션 유형, 광고 게재 위치, 크리에이티브 유형, 타겟, 예산 및 일정, 그리고 입찰 및 최적화 등에 대한 설정을 할 수 있습니다.

① 프로모션 유형

프로모션 유형에서는 CTA에 따라 이용자가 클릭한 이후 이동하는 곳을 정할 수 있습니다. 캠페인 목표가 트래픽 또는 전환일 경우에는 [앱] 또는 [웹사이트]를 설정해야 하며, 캠페인 목표가 앱

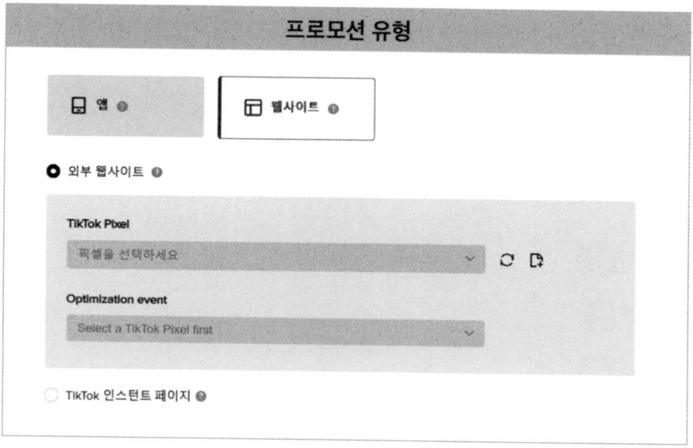

프로모션 유형 화면.

설치일 경우에는 [앱]으로 설정해야 합니다. 프로모션 유형에서 [웹사이트]를 선택하면 앞서 설명한 틱톡 픽셀 연결이 추가적으로 필요합니다.

② 게재 위치

페이스북이나 인스타그램처럼 틱톡에서도 광고 게재 위치 설정이 필요합니다. 광고 지역을 한국으로 제한할 경우 [뉴스 피드 앱 시리즈] 및 [Pangle]은 선택할 필요가 없습니다. 광고 게재 위치 설정에서 해당 영상에 댓글 또는 동영상 다운로드를 비활성화할 수 있습니다. 많은 브랜드 계정은 광고 영상에 댓글을 비활성화하는

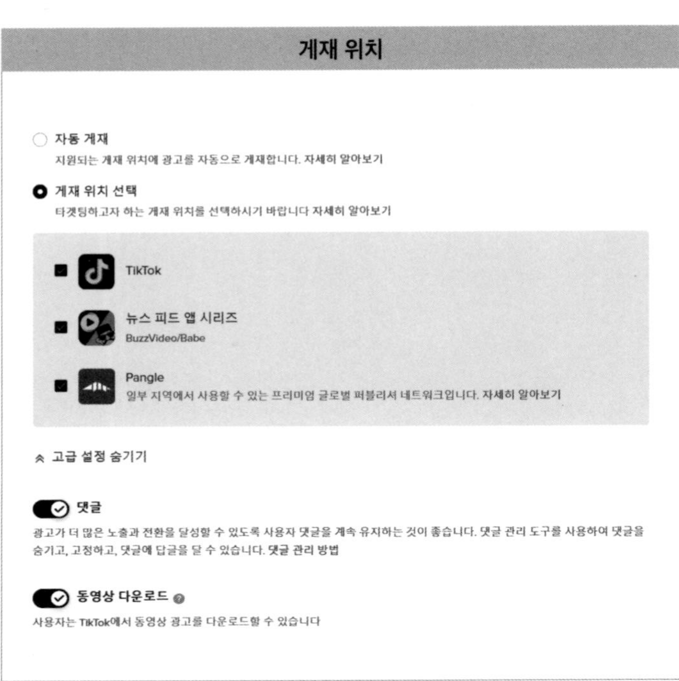

게재 위치 선택 화면.

경향이 강합니다. 부정적 피드백을 피하기 위함이죠. 그러나 이 경우 댓글 마케팅 기회가 제한됩니다. 또한 이용자는 댓글을 달 수 없다는 것을 아는 경우, 자신이 존중받지 못한다는 느낌이 들 수 있습니다.

멋지고 틱톡스러운 광고 영상을 제작했다면 부정적 댓글을 두려워할 필요가 없습니다. 부정적 댓글 자체가 발생하지 않는다는 뜻은 아닙니다. 창의적이고 진정성 있는 영상에 대한 틱톡 커뮤니티의 태도를 신뢰하자는 얘기입니다.

③ 크리에이티브 유형

틱톡 광고 시 [자동 크리에이티브 최적화]는 비활성화되어 있는데, 이를 활성화하는 것이 좋습니다. 이 옵션은 틱톡이 A/B 테스트를 자동화 시스템으로 진행해 최적의 결과를 실제 광고에 집행하는 기능입니다. 브랜드 마케터는 광고를 집행하는 동영상에 가장 효과적인 제목이나 광고 텍스트 조합을 알고 싶어 합니다.

[자동 크리에이티브 최적화]를 활성화한 후 광고 집행 동영상에 여러 광고 텍스트를 제공하면, 광고를 집행하는 초기 과정에서 틱톡이 스스로 A/B 테스트를 진행하고 가장 좋은 결과를 만드는 영상 및 텍스트 조합을 찾아냅니다. 광고 그룹 설정이 끝난 이후 [자동 크리에이티브 최적화 설정]은 변동할 수 없으므로 테스트를 위한 광고 텍스트 등에 미리 신경을 써야 합니다.

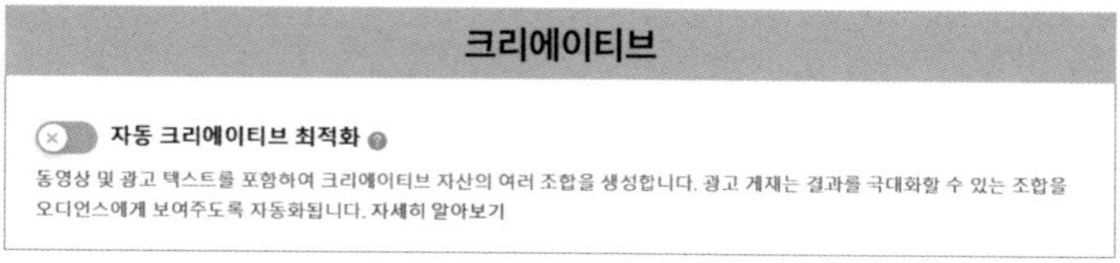

크리에이티브

자동 크리에이티브 최적화

동영상 및 광고 텍스트를 포함하여 크리에이티브 자산의 여러 조합을 생성합니다. 광고 게재는 결과를 극대화할 수 있는 조합을 오디언스에게 보여주도록 자동화됩니다. **자세히 알아보기**

크리에이티브 유형 선택.

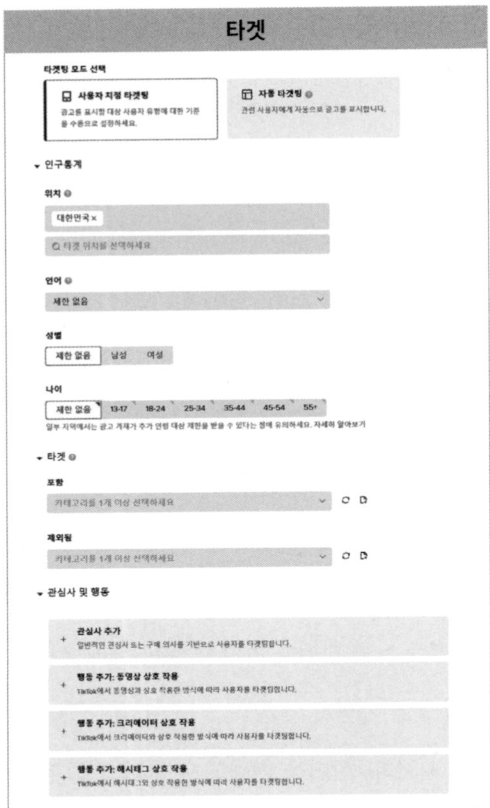

타겟 화면.

④ 타겟

틱톡은 추천 피드를 구성하는 뛰어난 영상 추천 시스템을 운영하고 있습니다. 이 시스템은 이용자의 영상 소비 행위를 분석해 다양한 관심 그룹으로 분류합니다. 이 관심 그룹이 틱톡 광고의 타겟팅에도 활용되죠.

틱톡은 이용자가 특정 크리에이터, 특정 인피드 영상, 특정 광고 영상에 상호작용하는지부터 게임, 자동차, 요리 등 어떤 테마에 더 강하게 상호작용하는지 여부도 분석해 추천 피드를 구성합니다. 이러한 이용자의 관심 그룹 분류, 상호작용 선호도 등 다양한 행위 데이터에 기반해 광고 타겟팅이 이뤄집니다.

광고 관리자 타겟 그룹 설정에서는 [사용자 지정 타겟팅] 또는 [자동 타겟팅]으로 타겟을 생성하고, 이 타겟을 광고에 포함하거나 제외할 수 있습니다. [인구통계] 설정은 다른 플랫폼과 유사합니다. 주의할 점은 언어 설정입니다. 선택한 언어는 광고 영상의 언어 및 위치와 일치하는 것이 좋습니다. [관심사/행동 타겟팅] 설정에서는 관심사와 세 종류의 상호작용을 추가할 수 있습니다.

⑤ 예산 및 일정

틱톡 광고캠페인에서는 2가지로 예산을 설정할 수 있습니다. 하나는 [예산 및 일정] 설정에서 할 수 있고, 다른 하나는 [입찰 및 최적화]를 통해서 할 수 있습니다. 입찰에 대한 실제 설정은 광고 그룹이 아닌 개별 광고에서 가능합니다. 광고 그룹에서는 예산과 일정을 통해 해당 광고 그룹의 전체 예산을 결정할 수 있습니다. 캠페인 만들기 설정 마지막 영역에 [예산 및 일정]이 있는데, 이를 통

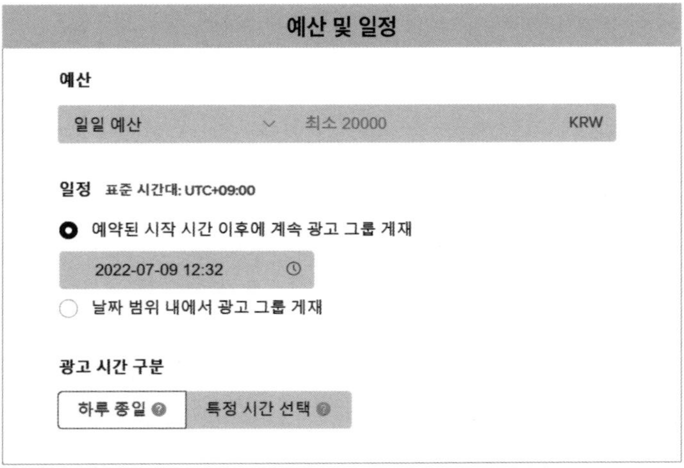

예산 및 일정

예산

일일 예산 최소 20000 KRW

일정 표준 시간대: UTC+09:00

예약된 시작 시간 이후에 계속 광고 그룹 게재

2022-07-09 12:32

날짜 범위 내에서 광고 그룹 게재

광고 시간 구분

하루 종일 특정 시간 선택

틱톡 광고 예산 및 일정.

해 캠페인의 총예산을 설정할 수 있고요.

앞서 설명드린 것처럼 하나의 캠페인은 여러 개의 광고 그룹으로 이뤄져 있습니다. 개별 광고 그룹의 예산 설정을 통해 캠페인 전체 예산은 자동으로 제약을 받기 때문에 별도로 캠페인 총예산을 미리 설정할 필요는 없습니다.

광고 그룹별 예산 설정은 [일일 예산]과 [총예산]으로 집행할 수 있습니다. 틱톡은 총예산을 집행하는 기간 동안 매일 동일한 예산이 집행되는 것을 보장하지 않습니다. 따라서 브랜드 마케터가 전체 광고 집행 기간 동안 광고를 고르게 집행하길 원한다면 일일 예산으로 설정해야 합니다. 실제 광고를 집행할 때는 일일 예산을 초과하지 않지만, 광고 집행 기간 동안 매일 이 예산 제약까지 광고를 최대치로 집행하는 것도 아닙니다.

광고 집행 시에는 광고 시간 구분도 중요합니다. [하루 종일] 또는 [특정 시간 선택] 중 하나를 선택해야 합니다. 틱톡에서는 광고 집행 시간을 하루 종일로 선택했더라도 정오가 되기 전에 일일 예산 제약에 도달하는 경우가 자주 발생합니다. 이때 실제 광고 타겟 오디언스가 집중적으로 틱톡을 이용하는 시간이 오후 또는 저녁이라면 광고 효과는 현저히 떨어지겠죠. 따라서 광고 예산 및 일정은 다양한 정보를 바탕으로 결정해야 합니다.

만약 브랜드 마케터가 광고 타겟 이용자의 틱톡 주 이용 시간대를 알고 있다면 [특정 시간 선택]을 추천합니다.

페이스북이나 인스타그램에서 광고를 집행한 경험이 있다면, 브랜드가 타겟에 대한 풍부한 정보를 갖는 것이 얼마나 중요한지 알고 있을 것입니다. 브랜드 타겟이 영화를 좋아하는지, 스포츠를 좋아하는지, 아니면 여행을 좋아하는지 등에 대한 축적된 정보뿐만 아니라 댓글, 좋아요의 상호작용에 어떤 태도를 보이는지, 또는 브랜드가 어떤 상호작용을 기대하는지 미리 정해놓아야 틱톡 광고 타겟을 효과적으로 설정할 수 있습니다.

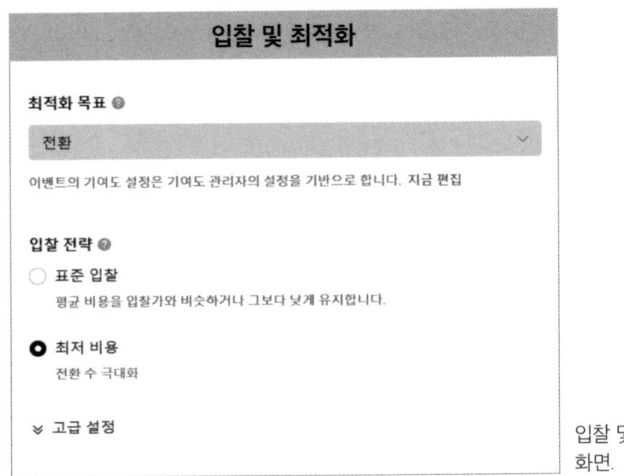

입찰 및 최적화 설정 화면.

⑥ 입찰 및 최적화

[입찰 및 최적화] 설정은 광고 그룹의 예산을 통제하는 수단을 제공합니다. 입찰 전략에서는 [최저 비용]을 선택할 것을 추천합니다. 이 옵션을 선택할 경우 틱톡은 스스로 입찰 방법을 확정하고 주어진 예산 제약을 소진합니다. 예산 제약은 브랜드가 예산을 손쉽게 통제할 수 있게 하지만, 예상하지 못한 속도로 성과[82]를 낼 경우 더 많은 성과를 낼 수 있는 기회를 제한할 수도 있습니다. 그 때문에 틱톡 광고를 집행하는 기간 동안 광고 성과와 예산 제약의 영향 등을 면밀하게 관찰해야 합니다.

82. 전환, 동영상 조회, 리드, 도달 등.

광고 제출

[캠페인] → [광고 그룹] 순으로 설정이 끝나면 전체 캠페인 설정에서 가장 중요한 부분이 남습니다. 바로 개별 광고를 제출하는 영역입니다. 이때 광고 동영상이나 광고 크리에이티브가 매력적이지 않다면 지금까지 진행한 설정 및 타겟팅은 큰 의미가 없습니다.

틱톡은 광고주를 위해 다양한 광고 동영상 최적화 도구를 제공하고 있습니다. 효과가 좋았던 광고 동영상을 다시 업로드할 수 있고, 브랜드 계정의 오리지널 동영상 중 유기적 도달이 높았던 동영상을 광고로 활용할 수도 있습니다. 또한 스파크 광고처럼 인기를 얻은 크리에이터의 영상을 광고 동영상으로 사용할 수 있습니다. 이미 제작한 동영상을 광고로 제출할 수 있을 뿐 아니라, 틱톡 광고 관리자에서도 광고 영상을 편집할 수 있습니다.

틱톡 광고 관리자에 제공된 매우 풍부한 편집 기능을 이용한다면 보다 틱톡스러운 광고 동영상을 편집할 수 있습니다.

틱톡 광고 관리자에서 [자산] → [크리에이티브] → [동영상] → [생성]을 선택하면 풍부한 틱톡 영상 편집 기능을 만날 수 있습니다. 이 중 매력적인 기능은 [Tiktok 동영상 편집기]입니다. 여기로 들어가면 모바일에서 제공하는 틱톡 동영상 편집기를 웹 브라우저에서도 이용할 수 있습니다.

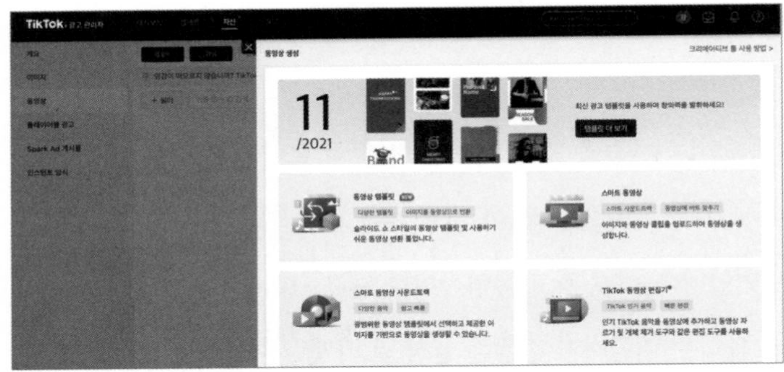

틱톡 광고 관리자의 동영상 생성 기능.

좋은 틱톡 광고의 특징

틱톡은 브랜드에 "광고를 만들지 마세요. 틱톡을 만드세요"라고 이야기합니다. 매우 중요한 방향성을 제시하는 표현입니다만, 브랜드 입장에선 추상적으로 느낄 수 있습니다. 틱톡에서 효과적인 광고는 3가지 특징을 가지고 있습니다. 명확한 메시지, 독특함, 진정성입니다.

① 명확한 메시지

이용자는 첫 1초 또는 2초 동안 광고 동영상을 볼지 아니면 스크롤할지 결정합니다. 이 때문에 영상 시작부터 시각적이고 음향 효과 측면에서 이용자의 관심을 사로잡는 광고 동영상을 제작해야

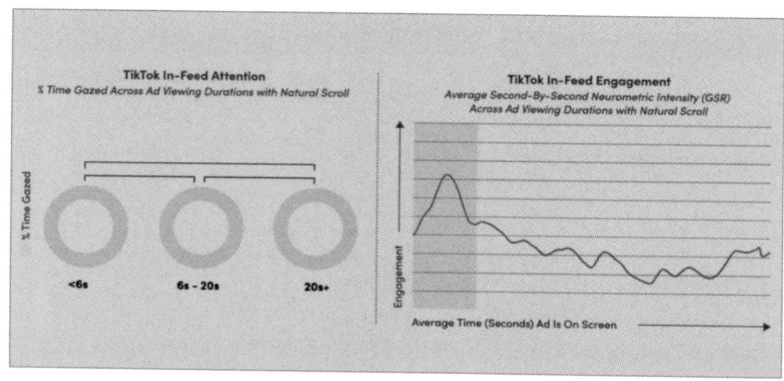

틱톡 피드 동영상에 대한 관심과 참여 시간.

합니다.

2021년 틱톡이 미디어사이언스MediaScience에 위탁해 조사한 연구 결과[83]에 따르면, 광고 동영상 여부와 무관하게 틱톡에선 초기 몇 초에 관심Attention과 참여Engagement가 집중되고 있음을 알 수 있습니다.

반면 초기 몇 초 안에 이용자가 특정 영상을 스킵하는 이유에 대한 풍부한 조사는 아직 이뤄지지 않았습니다. 음악이 마음에 들지 않아 영상을 스킵할 수도 있고, 영상의 품질이 안 좋아 보여 스킵할 수도 있으며, 이미 여러 번 시청한 영상이어서 스킵[84]할 수도 있습니다. 하지만 분명한 점은 틱톡 광고 동영상은 초반 1~3

83. https://bit.ly/3HGWZye
84. 만약 이런 이유라면 틱톡 광고 관리자를 통해 광고 빈도를 조정할 수 있다.

초에 승부가 결정된다는 것입니다.

그러므로 브랜드가 전달하고자 하는 메시지와 브랜딩을 간결하고 직접적으로 영상 초반에 위치시키는 것이 중요합니다. 광고가 아닌 척 브랜드를 뒤에 숨길 필요가 없습니다. 틱톡 이용자는 광고 영상이든 일반 영상이든 신속하게 영상을 볼지 스킵할지 결정합니다. 따라서 스킵되지 않는 것이 가장 중요합니다.

더불어 광고 동영상에 CTA가 빠진다면 완성된 동영상이라고 말하기 어렵습니다. 동영상 끝부분에 반드시 CTA를 제시하는 걸 잊지 마시길 바랍니다.

② 독특함 Uniqueness

많은 브랜드가 틱톡에서 하는 실수 중 하나는 광고에 너무 많은 효과를 더하는 것입니다. 영상 효과를 통해 다른 동영상과 차별화하려는 의도겠지만, 너무 많은 효과를 이용하면 브랜드나 제품에 대한 관심보다 영상 효과에만 관심을 집중시킬 수 있습니다. 또한 지나치게 많은 효과로 인해 해당 영상에 대한 거부감을 키울 수도 있습니다. 틱톡 광고 영상은 가능하면 효과를 최소한으로 사용하길 추천합니다. 대신 스토리텔링으로 다른 영상과 차별화를 시도해보세요.

물론, 한두 개의 효과는 나쁘지 않습니다. 예를 들어, 브랜드

틱톡 영상의 세이프 존.

와 제품에 대한 정보를 담고 있는 텍스트에 효과를 주어 관심을 끌 수 있습니다. 또는 앞서 설명해드린 광고 상품인 '브랜드 효과'를 이용해 브랜드만의 독특함을 강조할 수 있습니다.

스토리텔링이나 영상 효과 외에도 브랜드 광고 영상에 독특함을 더할 수 있는 요소는 동영상의 길이입니다. 틱톡에서는 최대 15초 길이와 빠른 편집의 짧은 영상이 인기를 얻고 있습니다. 그러나 특정 브랜드에는 이보다 긴 영상이 차별성을 부여할 수 있습니다. 브랜드에 맞는 영상 길이, 좋은 스토리텔링에 적절한 영상 길이 등은 다양한 실험을 통해 결정하길 권합니다.

틱톡 영상에는 이른바 세이프 존Safe Zone이 있습니다. 영상 오른쪽에 위치한 좋아요, 댓글, 공유 등의 기능 버튼 영역과 왼쪽 하단의 텍스트 공간을 제외한 부분이 세이프 존입니다. 영상 메시지를 전달할 때는 이 세이프 존에 내용이 들어가게 해주어야 합니다.

③ 진정성Authenticity

틱톡 이용자는 대부분 브랜드가 무엇을 하는지 큰 관심이 없습니다. 오히려 브랜드가 그것을 '왜' 하는지, 이용자는 '무엇'을 얻고 배울 수 있는지에 더 관심을 가집니다. 그래서 틱톡 광고에서는 진정성이 중요합니다.

광고 영상을 만들 때는 그 브랜드가 흥미로운 이유, 그리고 그 브랜드의 가치를 설명하길 바랍니다. 이것이 틱톡 이용자가 그 브랜드 영상을 시청해야 하는 이유입니다.

특히 영상 초반부에 이용자의 감성을 자극한다면 광고 효과는 더욱 증가합니다. 광고 영상에 담아내는 장면, 음향 및 음악, 텍스트를 최대한 활용해 이용자의 감성과 감정에 호소해야 합니다.

이때 효과를 볼 수 있는 영상 형태가 이른바 UGCUser-Generated Contents입니다. 타겟 오디언스나 타겟 이용자가 직접 만든 영상이 해당 타겟들한테 가장 잘 전달되고, 이것이 틱톡에서 UGC가 진정성 있게 수용되는 이유입니다. 그러므로 브랜드의 팔로워가 제작한 동영상이나 브랜드 특정 제품에 대한 이야기를 담은 일반 동영상을 브랜드 광고 영상으로 이용해보는 것이 좋습니다. 요컨대 틱톡의 스파크 광고로 활용하는 것입니다.

보고서 생성

광고캠페인을 진행하는 동안에는 이를 관찰하고, 필요하다면 조건 수정을 통해 광고 효과를 최적화하기 위해 노력해야 합니다. 틱톡 광고 관리자에서는 광고 효과를 측정해 보여주는 [보고] 기능을 제공하고 있습니다. 다양하고 풍부한 측정 항목으로 이뤄진 틱톡 보고서 시스템이 제공하는 정보는 크게 2가지입니다.

① 개요

[개요] 대시보드에서는 비용, 전환 등 모든 광고캠페인의 현재 상태를 확인할 수 있습니다. 또한 여러 광고캠페인 중 가장 효과 좋은 캠페인은 무엇인지 등의 정보도 제공합니다. 개요의 정보를 활용하면 인스타그램, 유튜브 등 타 플랫폼 광고 효과 및 결과와 틱톡 광고 효과를 빠르게 비교할 수 있습니다.

② 마이크로 데이터

여기서는 개별 캠페인의 성과 정보를 확인할 수 있습니다. [마이크로 데이터] 대시보드는 캠페인을 구성하고 있는 여러 광고 그룹과 이 광고 그룹에 속한 개별 광고의 성과 등 각 단계별 성과에 대한 자세한 정보를 제공합니다.

틱톡 보고서 시스템은 다른 플랫폼처럼 [사용자 지정 보고서] 기능을 제공합니다. 틱톡 캠페인 결과 보고서 작성뿐 아니라 캠페인 진행 과정에서 틱톡 광고의 성과를 점검하기 위해 사용자 지정 보고서를 체크하는 것은 필수입니다.

이를 위해서는 캠페인의 목표에 맞게 사용자 지정 보고서 설정이 필요합니다. 이 설정을 통해 개별 광고 및 광고 그룹의 성과와 진행 상황을 보다 직관적으로 분석할 수 있습니다.

설정은 [보고서 생성] 메뉴에서 측정 항목에 필요한 측정값 선택을 통해 가능합니다. 측정 항목은 기본 데이터, 동영상 재생, 인게이지먼트Engagement 등 8가지로 이뤄져 있습니다. 각 항목을 클릭하면 매우 풍부하고 자세한 측정값을 만날 수 있습니다.

예를 들어 기본 데이터에서 총비용, CPC, CPM, 노출 수, 클릭 수, CTR(노출 대비 클릭 비율), CPA(액션당 비용), CVR(전환율) 등 주요 지표를 선택하고 그 순서를 조정할 수 있습니다. 측정 항목 세팅이 끝난 후에는 앞서 설명한 [개요] 또는 [마이크로 데이터]에서 측정 항목 세팅에 따라 변화된 보고서를 확인할 수 있습니다.

틱톡 광고 관리자는 보고서 작성 예약 기능과 이메일 전송 설정 기능도 제공하므로 이를 통해 보고서 작성 시기 및 주기를 설정할 수 있습니다.

TikTok Tip

틱톡 광고에서 피해야 할 2가지 실수

브랜드 마케터가 틱톡 광고에서 가장 쉽게 범하는 실수는 다음과 같습니다.

첫 번째 실수는 유튜브나 인스타그램 광고 영상을 틱톡 광고에 그대로 재사용하는 것입니다. 이런 광고 영상은 여러 차례 설명한 것처럼 틱톡 추천 피드에 어울리지 않습니다. 틱톡 이용자는 이런 영상을 건너뛰거나 부정 댓글을 달 수 있습니다.

두 번째 실수는 광고 진행 시 테스트를 하지 않거나 매우 적게 하는 것입니다. 최소 3개 또는 4개의 틱톡 광고 영상을 제작해 적은 예산[85]으로 광고 효과를 비교해보세요. 영상 형식과 스타일뿐 아니라 틱톡 광고가 제공하는 다양한 타겟 옵션을 실험해보는 것이 좋습니다. 이 테스트 결과를 바탕으로 광고 영상과 광고 옵션을 최적화하는 것이 중요합니다.

85. 1일 10만 원.

3

틱톡 브랜드 전략 실행 기획서 작성하기

지금까지 다양한 브랜드의 틱톡 마케팅 사례를 유기적 브랜드 계정, 크리에이터 마케팅, 틱톡 광고라는 3개의 축에서 살펴보았습니다. 3부에서는 틱톡 브랜드 전략을 구체적으로 실행하는 방법을 소개합니다.

● 틱톡 브랜드 전략의 핵심 축은 브랜드 자체 계정 운영, 크리에이터 마케팅, 틱톡 광고 3가지로 구성되어 있습니다. 이 축은 서로 상호작용하며 다른 축을 돕는 역할을 합니다. 브랜드가 틱톡에서 성공하기 위해서는 최소한 2개의 축을 적극 이용해야 합니다.

3부에서 소개하는 틱톡 브랜드 전략 템플릿은 브랜드가 틱톡에서 3개의 축을 활용해 마케팅 성과를 낼 수 있도록 돕는 브랜드 전략 실행 기획서를 만드는 데 도움을 줍니다.

이 기획서를 통해 브랜드는 틱톡에서 다양한 시도를 할 수 있습니다. 크리에이터와 테스트 광고캠페인을 통해 틱톡 마케팅의 노하우를 배우거나 장기 전략을 세워 전면적인 틱톡 마케팅을 진행할 수 있습니다. 틱톡 마케팅 목표를 세웠으면 이를 위한 예산 계획과 스케줄 관리가 필요합니다. 이때 필요한 것이 브랜드 전략 실행 기획서입니다.

이 기획서는 마케팅 팀의 동료들과 함께 작성하는 것이 좋습니다. 마케팅 의사 결정권자와 실무 담당자가 함께 틱톡 브랜드 전략을 토론할 수 있다면 브랜드의 틱톡 마케팅 출발은 더욱 수월해집니다. 새로운 플랫폼인 틱톡에서 성공적인 마케팅을 진행하기 위해서는 브랜드 마케팅 팀 관계자 모두가 새로운 플랫폼의 특징을 이해할 필요가 있기 때문입니다.

1장

틱톡 브랜드 전략 실행 기획서 템플릿

틱톡 브랜드 전략 실행 기획서는 계정 운영 과정에서 수정하거나 특정 광고캠페인에 제한해서 활용할 수 있습니다. 아래의 질문에 답변하는 과정을 통해 틱톡 브랜드 전략 실행 초안을 작성할 수 있습니다. 다음 내용을 참고해 전략 실행 기획서를 작성해보세요.

1. 브랜드가 계획하고 있는 바는 무엇입니까?

☐ 중장기 틱톡 마케팅 전략

☐ 일회성 틱톡 캠페인 전략

일회성 틱톡 광고캠페인을 선택한 경우, 캠페인 목표는 무엇입니까? 팔로워 수 증가 등 브랜드 계정 성장, 브랜드 인지도 상승, 테스트 마케팅 등

2. 타겟 고객, 타겟 오디언스는 누구입니까?

틱톡을 통해 도달하고자 하는 타겟 오디언스를 적어보세요.

유기적 브랜드 운영

1. 틱톡 마케팅을 위해 브랜드가 가용할 수 있는 자원을 적어보세요.

예산, 담당자 수 및 역할 등

---

2. 브랜드 계정 틱톡 동영상의 목표는 무엇입니까?

브랜딩, 리드(Lead), 판매(전환), 팔로워 수, 뷰 수 등

3.어떤 브랜딩 전략을 선택할 계획인가요?

☐ 공격적 브랜딩

☐ 방어적 브랜딩

4. 브랜드 계정의 인물 또는 얼굴은 누구입니까?

틱톡 이용자는 인물 중심 영상을 선호하는 경향이 있습니다. 틱톡 이용자가 인물에 친밀감을 표하는 경우가 많기 때문입니다. 브랜드 계정을 대표하는 인물은 한 명일 수도 있고 여러 명일 수도 있습니다.

---

5. 이미 생각하고 있는 틱톡 영상 포맷이나 영상 아이디어가 있다면 적어주세요.

---

6. 영상 발행 주기 또는 발행 빈도는 어떻게 계획하고 있나요?

☐ 하루 1회 이상

☐ 하루 1회

☐ 주 1회 이상

☐ 주 1회

크리에이터 마케팅

1. 크리에이터 마케팅을 통해 전면에 내세우고 싶은 제품/서비스는 무엇입니까? 또는 브랜드의 어떤 측면을 강조하고 싶은가요?

---

2. 크리에이터 마케팅을 위해 필요한 예산과 자원(담당자 수 등)을 적어보세요.

---

3. 크리에이터가 브랜드를 위해 어떤 역할을 담당하길 원하나요?

□ 크리에이터는 브랜드 또는 브랜드 제품을 적극 홍보합니다.

□ 크리에이터는 브랜드 광고캠페인 또는 해시태그 챌린지를 홍보합니다.

□ 크리에이터가 브랜드 계정 동영상 또는 브랜드 광고 동영상에 출연합니다.

4. 크리에이터 마케팅의 목표는 무엇입니까?

틱톡 광고캠페인 지원, 팔로워 수 증가 기여, 브랜드 인지도 상승, 리드, 판매(전환) 등

---

5. 이번 광고캠페인에서 몇 개의 크리에이터 영상을 제작할 계획인가요? 또는 한 달에 몇 개의 크리에이터 영상을 제작할 계획인가요?

---

6. 브랜드에 어울리는 크리에이터 이름 또는 틱톡 아이디를 적어주세요.

---

7. 크리에이터에게 요청하고 싶은 영상의 스토리 구성을 적어보세요.

틱톡 광고

1. 계획하고 있는 광고 형식은 무엇인가요?

☐ 인피드(영상) 광고 ☐ 스파크 광고

☐ 브랜드 테이크오버 ☐ 톱 뷰 광고

☐ 해시태그 챌린지 ☐ 브랜드 효과

2. 틱톡 광고에 투입하려는 예산 규모는 어떻게 되나요? 그리고 예산 이외의 투입 자원은 무엇인가요?

---

3. 이번 광고의 목표는 무엇인가요? 광고에 CTA는 어떻게 담기나요?

도달, 트래픽, 앱 설치, 동영상 조회, 리드 생성, 전환 등

---

4. 광고 타겟팅은 어떻게 설정할 계획인가요?

---

5. 광고 영상은 어떻게 제작할 계획인가요?

☐ 브랜드 계정에서 이미 발행한 영상 활용(인하우스 제작)

☐ 외부 크리에이터에게 생산 요청(Buyout)

☐ 새롭게 광고 영상 제작

6. 광고 영상의 스토리 구성을 적어보세요.

2장

틱톡 브랜드 전략 실행의 마일스톤 살펴보기

(가상 브랜드 AAA 사례를 중심으로)

틱톡 브랜드 전략을 실행하는 과정에서 점검해야 하는 마일스톤이 있습니다. 가상의 패션 브랜드 AAA를 통해 브랜드 전략 실행 과정의 마일스톤을 점검해보겠습니다. 먼저 계정 운영 목표를 세울 때 설정해야 할 KPI를 살펴보고, 이후 광고캠페인 및 크리에이터 마케팅을 실행하는 과정에서 점검할 마일스톤을 설명드리겠습니다.

1. KPI 목표 설정하기

계정 운영 목표에 따라 어울리는 KPI 설정은 첫 번째 마일스톤이라고 할 수 있습니다. 틱톡 브랜드 계정의 목표를 아래처럼 세웠다면 이를 실현하기 위해 어울리는 KPI는 다음과 같습니다.

① 커뮤니티 빌딩

브랜드 계정의 팔로워 수를 높이는 것이 목표입니다. 이때 중요한 KPI는 팔로워 전환 비용Cost Per Follower, 팔로워 수, 참여율Engagement Rate입니다.

② 브랜드 빌딩

브랜드 이름을 틱톡에서 널리 알리는 것이 목표입니다. 이때 어울리는 KPI는 맞춤형 광고를 할 수 있는 고객당 비용Cost Per Lifted User, 브랜드 인지도입니다. 리프티드 유저Lifted User는 브랜드 광고를 본 후 그 브랜드에 대한 인식이 달라진 이용자를 말합니다. 예를 들면, 틱톡 브랜드 광고를 기억하는 이용자입니다. 별도의 설문 조사를 통해 이 수치를 구할 수 있습니다. 맞춤형 광고를 할 수 있는 고객당 비용은 광고캠페인 전체 비용을 리프티드 유저 수로 나눈 값입니다.

③ 퍼포먼스

틱톡 캠페인 이후 매출 증대가 목표입니다. 이때 적절한 KPI는 CRR^Cost-Revenue Ratio^, CPI^Cost Per Installation^, CPC^Cost Per Conversion^입니다.

2. 첫 번째 광고캠페인 및 테스트

AAA는 틱톡에 브랜드 계정을 만들고 시작합니다. 처음에는 유튜브, 인스타그램용으로 제작하던 영상을 편집해서 숏폼 영상으로 만들어 올립니다. AAA 마케터는 이를 통해 브랜드 계정의 유기적 도달 가능성을 배울 수 있습니다.

이때 브랜드가 가용할 수 있는 자원은 많지 않습니다. AAA의 마케터는 인스타그램 계정에서 협업하고 있는 크리에이터에게 틱톡 영상 제작을 추가로 부탁합니다. 이와 동시에 AAA 마케팅 팀원은 틱톡용 짧은 동영상을 직접 제작해서 발행합니다. 이 과정은 약 5개월 동안 지속됩니다.

5개월 후 AAA의 틱톡 계정 팔로워는 1000명을 넘어섭니다. 틱톡에서 1000명의 팔로워는 성공을 의미하지 않습니다. AAA 마케팅 팀은 틱톡 계정에서 발행한 영상이 틱톡스럽지 않다는 결론을 내립니다. 대부분 영상이 재활용한 것이기 때문입니다. 처음부터 숏폼 영상을 염두에 두지 않고 제작한 영상을 틱톡 이용자가 긍정적으로 수용하기는 힘듭니다.

AAA는 크리에이터 B와 팔로워 수를 높이기 위해 틱톡 광고캠페인을 시작합니다. 캠페인의 구체적 목적은 커뮤니티 상호작용입니다. 크리에이터 B와 함께하는 광고캠페인에 들어간 비용은 총 2000만 원이었습니다. 이 캠페인을 통해 AAA는 1만 5000명의 팔로워를 추가했고, 총영상 450만 뷰를 기록할 수 있었습니다. 이것이 AAA의 첫 번째 틱톡 마일스톤입니다.

3. 크리에이터 협업 전략 시작

앞 단계에서 AAA 마케터는 중요한 교훈을 얻습니다. 바로 크리에이터 협업의 가치를 깨달은 것입니다. 크리에이터와의 협업은 지금까지도 AAA 브랜드 전략의 핵심 축을 차지하고 있습니다. AAA는 틱톡에서 크리에이터 협업을 정기적으로 진행하고 있으며, 3개월에 한 번씩 협업 크리에이터를 교체합니다.

3개월을 한 시즌으로 정의하면 AAA는 시즌당 평균 5명의 크리에이터와 협업하며, 크리에이터 한 명은 한 주에 1개의 틱톡 영상을 생산합니다. 그런데 AAA가 협업하는 크리에이터는 마이크로 인플루언서입니다. 마이크로 인플루언서의 팔로워 수는 최대 3만입니다. 마이크로 인플루언서는 비용 대비 효과가 좋을 뿐 아니라 AAA의 틱톡 마케팅 전략을 테스트하기에 적절합니다.

AAA 마케팅 팀은 크리에이터에게 영상마다 패션 아이템 1개 및 이와 관련한 주제를 제공합니다. 그리고 브랜드에는 틱톡 영상 사운드 선택이 제한적이기 때문에, 이를 크리에이터에게 알려 틱톡의 브랜드 제작 영상 가이드에 어긋나지 않도록 합니다. 크리에이터 협업 전략으로 AAA는 틱톡에서 적지 않은 효과를 보고 있습니다.

브랜드 마케터는 AAA의 제품 홍보뿐 아니라 틱톡 이용자와 대화하는 데 중요한 가치를 설정하고 있습니다. 한 명의 빅 크리에이터보다는 다수의 마이크로 인플루언서를 통해 이용자 대화의 폭과 수를 늘리는 데 성과를 보이고 있습니다. 협업 크리에이터가 만드는 영상을 통해 AAA는 틱톡 이용자의 감성과 트렌드를 배울 뿐 아니라, 각 영상에 붙은 댓글을 통해 이용자 취향을 분석할 수 있습니다.

4. 하울Haul 캠페인의 실패 이유 분석

울트라 패스트 패션 기업 쉬인의 성공은 틱톡 마케팅을 떼어놓고 생각할 수 없습니다. 쉬인은 틱톡과 유튜브에서 이른바 하울 유행을 만들었습니다. 하울은 특정 브랜드의 패션 아이템을 한꺼번에 많이 구입해서[86] 자신이 산 것을 자랑하고 설명하는 내용의 영상을 말합니다.

틱톡 해시태그 #Shein[87]과 #SheinHaul[88]은 2022년 2월 말

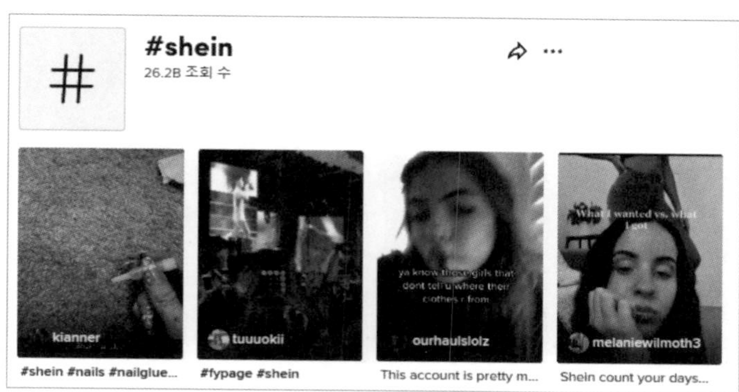

패스트 패션 브랜드 #shein의 태그를 달고 있는 틱톡 영상들.

기준 각각 총 229억 뷰와 45억 뷰를 달성했습니다.

가상의 브랜드 AAA도 하울의 유행에 발맞추기로 결정했습니다. 하울은 틱톡, 유튜브, 인스타그램 등에서 수많은 이용자가 함께 참여하는 문화로 자리잡고 있기 때문입니다. 하울은 그만큼 크리에이터와 협업하기 쉬운 주제입니다.

하지만 AAA는 하울 캠페인에서 한 가지 실수를 합니다. AAA가 하울 캠페인을 먼저 진행한 곳은 인스타그램입니다. AAA

86. 쉬인 이용자의 1회 평균 주문액은 150달러. 쉬인 제품은 비싼 경우 40달러 수준. 하울은 원래 인터넷 방송 등에서 구매한 물건을 품평하는 내용을 담은 영상을 지칭하는 용어이다.
87. https://bit.ly/3HEIFFM
88. https://bit.ly/3sBEBI8

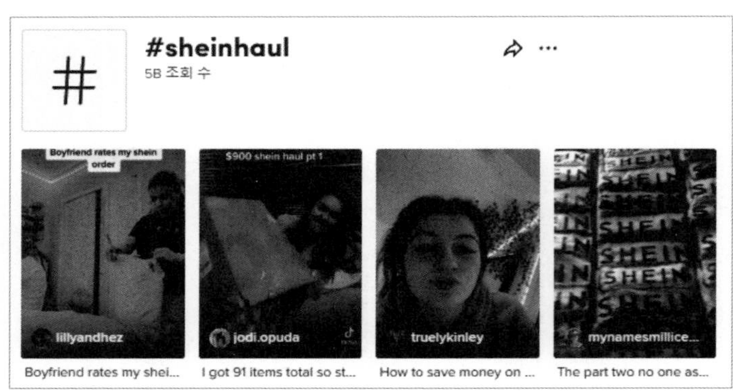

#sheinhaul의 태그로 만든 틱톡 영상들.

의 인스타그램 하울 캠페인에서 인플루언서는 한꺼번에 구매한 AAA의 패션 아이템을 자랑하며, 할인 코드를 통해 신규 고객 확보에도 도움을 주었습니다.

AAA는 이 영상을 틱톡에도 발행했습니다. 그런데 #Sheinhaul 영상 모음에서 쉽게 확인할 수 있는 것은, 하울은 언박싱Unboxing 영상이 아니라는 점입니다. 하울 영상에도 숏폼 영상다운 창의성이 중요합니다. 창의성이 빠진 언박싱 영상은 틱톡 커뮤니티에서 존중받지 못합니다. AAA의 마케터는 이 과정을 통해 인스타그램 인플루언서 마케팅에서 작동하는 성공 방정식이 틱톡에서는 작동하지 않을 가능성이 높다는 점을 깨닫게 됩니다.

5. 새로운 하울 캠페인 진행

AAA에는 새로운 하울 틱톡 캠페인 전략이 필요했습니다. 여기서 AAA 마케터가 결정한 중요한 사항은 크리에이터의 자율성입니다. 마케팅 팀은 단순한 언박싱만 아니면 어떤 형태의 영상도 환영한다는 메시지를 협업 크리에이터에게 전달했습니다. 물론 2가지 조건을 걸었죠. 협업으로 제작한 영상은 반드시 크리에이터 계정에서 발행할 것과 그때 할인 코드를 영상에 담아야 한다는 것이었습니다.

결과적으로 협업 하울 영상은 개별 크리에이터 계정과 어울리는 창의적인 문법으로 제작되었습니다. 실패한 하울 캠페인과 성공한 하울 캠페인의 차이는 매우 작습니다. 크리에이터의 자율성을 보장하고 발행 계정을 크리에이터 계정으로 설정한 것입니다. 한 달 후부터 효과가 나타나기 시작했습니다.

크리에이터가 만든 하울 영상의 뷰 수가 증가했을 뿐만 아니라 영상에 담긴 할인 코드로 AAA 제품을 구매하는 틱톡 이용자가 빠르게 늘어났습니다. 이 새로운 하울 캠페인의 성공 이후 AAA는 매달 50개의 하울 영상을 크리에이터와 협업해서 생산하고 있습니다.

6. AAA 틱톡 패션 위크 진행

틱톡 하울 캠페인이 AAA의 브랜드 인지도를 높이며 실제 매출로 이어지자 마케터는 여기서 멈추지 않고 5일 동안 집중해서 틱톡 AAA 패션 위크 캠페인을 진행했습니다.

AAA 패션 위크 캠페인은 2가지 해시태그 캠페인으로 구성되었습니다. 틱톡 런웨이Runway 캠페인과 틱톡 프런트 로Front Row 캠페인입니다.

실제로 코로나19 팬데믹 기간 동안 뉴욕, 런던, 파리, 밀라노 패션쇼 런웨이는 틱톡으로 옮겨졌습니다. 틱톡 이용자는 공원, 지하 보도, 마트 등에서 자신만의 런웨이를 만들었고, 틱톡 해시태그 #runway[89]는 60억 뷰에 달했습니다. 마찬가지로 런웨이의 앞줄을 상징하는 해시태그 #FrontRow[90]는 3억 8570만 뷰를 기록했습니다. 틱톡 크리에이터뿐 아니라 틱톡 이용자가 쉽게 참여할 수 있는 틱톡만의 패션 문화가 형성되고 있는 것입니다.

AAA 마케터는 이 두 해시태그를 활용한 캠페인을 진행합니다. 그리고 #AAAFWFashion Week도 해시태그로 사용합니다. 이번에는 마이크로 크리에이터뿐 아니라 5명의 빅 크리에이터와 협업해서 이들과 창의적인 런웨이를 연출합니다.

---

89. https://bit.ly/3IlyLEk
90. https://bit.ly/3C7tsvA

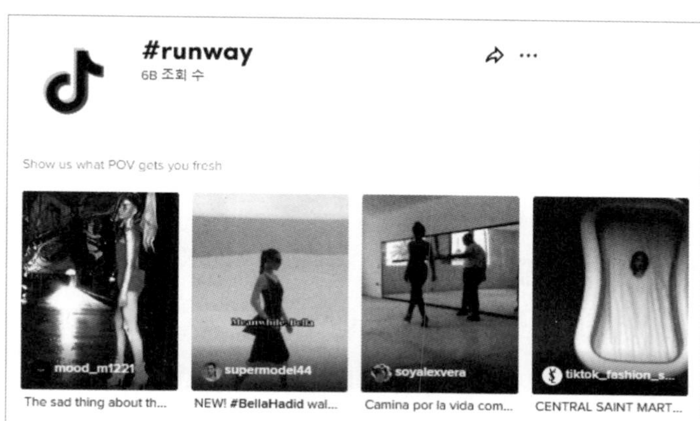

#runway 태그를 통해 틱톡으로 옮겨진 패션쇼.

AAA 마케터는 빅 크리에이터가 자신의 계정에 영상을 공개하는 것을 조건으로 걸었습니다. 최대한 자율성을 부여하되 빅 크리에이터가 제작한 영상에 AAA가 간접 방식[91]으로 꼭 등장하는 조건을 단 것입니다. 이를 통해 해시태그 캠페인 참여율 증가와 함께 브랜드 인지도 상승을 목표로 삼았습니다.

AAA 패션 위크 캠페인을 진행하는 5일 동안 빅 크리에이터와 마이크로 크리에이터는 모두 50개 영상을 제작합니다. 이와 함께 빅 크리에이터와 함께 톱 뷰 광고 및 인피드 광고를 위한 영상

91. 배경, 포장 박스 등.

을 제작합니다. AAA가 패션 위크 캠페인에 집행한 총예산은 2억 원입니다. 이를 통해 브랜드 틱톡 계정은 10만 명의 새로운 팔로워를 확보하고 해시태그 #AAAFW는 총 6500만 뷰를 기록합니다.

7. 브랜드 마케팅 팀 구성 조정

캠페인의 대대적인 성공으로 틱톡 마케팅은 AAA의 마케터에게 '새로운 채널' 이상의 의미를 갖게 됩니다. 마케팅 팀은 브랜드 틱톡 계정 운영, 틱톡 크리에이터와 협업, 그리고 틱톡 광고라는 3가지 전략을 운영해야 할 뿐 아니라 일련의 틱톡 캠페인을 집행해야 하는 책임을 맡습니다. 이를 위해서는 효과적인 역할 분담과 추가적인 마케팅 인력 확보가 필요합니다. 나아가 틱톡 마케팅 업무를 AAA의 전체 마케팅 업무에 통합하는 작업을 요구받습니다. 틱톡 마케팅의 꾸준한 성장을 목표로 KPI 설정도 재구축합니다.

8. 새로운 KPI 구축

① 유기적 브랜드 계정을 운영하기 위해 AAA는 크리에이터에게 브랜드 계정을 위한 영상 제작을 의뢰합니다. 매주 5개 영상이 AAA 틱톡 계정에서 발행됩니다. 영상 하나의 목표 수치는 100만 뷰입니다. 유기적 영상의 목표는 커뮤니티 빌딩입니다.

② AAA는 매달 50개의 하울 영상을 크리에터와 협력해 생산합

니다. 하울 영상은 원칙적으로 크리에이터 계정에서 발행합니다. 크리에이터 마케팅의 목표는 매출 증대입니다.

③ 유기적 계정에서 발행하는 모든 영상과 크리에이터와 협력해 생산한 모든 영상은 틱톡 광고를 통해 초기 도달 거리를 확보합니다. 틱톡 광고 예산의 효율적 집행을 위해 AAA는 외부 에이전시에 틱톡 광고 집행 및 효과 분석을 위탁합니다. 외부 에이전시는 어떤 영상에서 틱톡 광고가 더 효과적으로 작동하는지 분석하고, 영상별 광고 예산 배분을 최적화하는 역할을 담당합니다.

④ AAA는 매달 1회의 캠페인을 틱톡에서 진행합니다. 캠페인에서 유기적 계정 운영, 크리에이터 마케팅, 그리고 틱톡 광고는 항상 작동하는 전략 축입니다.

4

브랜드 마케팅에서 틱톡 및 숏폼 영상의 가치

숏폼이 유행을 넘어 이제 영상의 대세가 되고 있습니다.
메타는 자사 서비스인 페이스북과 인스타그램에 이를 적용시키기 위해
노력 중입니다. 알파벳 또한 유튜브에서 숏폼 서비스를 선보이며
강력하게 키우려는 의지를 갖고 있습니다. 얼마 전에는 틱톡의 알고리즘을
페이스북에 적용하겠다는 메타의 내부 문서가 공개되기도 했습니다.
브랜드 마케팅에서 틱톡 및 숏폼 영상의 가치를 알아보겠습니다.

2022년 2월 3일 메타 CEO 마크 저커버그는 전직원과의 가상 미팅에서 현재 메타가 "전례 없는 경쟁Unprecedented Level of Competition"에 직면해 있다고 주장했습니다. 그가 언급한 전례 없는 경쟁이란 바로 틱톡과의 경쟁을 말합니다.

메타는 숏폼 영상의 기세에 대응하기 위해 전사적인 노력을 기울이고 있습니다. 인스타그램뿐 아니라 페이스북에도 릴스가 전면에 등장하고 있죠. 메타는 숏폼 크리에이터가 릴스를 제작하는 경제적 동기를 가질 수 있도록 막대한 규모의 펀드도 운영하고 있습니다. 릴스 광고 수익을 크리에이터와 나누는 작업도 시작했습니다.

유튜브도 숏폼 서비스인 쇼츠Shorts의 이용률을 높이기 위해 총력을 다하고 있습니다. 숏폼 영상은 더 이상 Z세대의 전유물이 아니기 때문입니다. 숏폼 영상을 둘러싼 플랫폼 경쟁의 심화는 브랜드의 숏폼 참여를 더욱 가속화할 것입니다.

어느새 한국 틱톡에서도 퍼스트 무버First Mover의 장점은 사라지고 있습니다. 적지 않은 브랜드가 틱톡 마케팅에 참여하고 있습니다. 플랫폼 이용자와 브랜드 수가 많아지면 콘텐츠의 유기적 도달률은 줄어듭니다. 틱톡도 예외는 아닙니다. 다만 틱톡의 독특한 추천 알고리즘이 여전히 의미 있는 유기적 도달을 가능하게 합니다.

틱톡은 추천 페이지에서 작동하는 알고리즘을 콘텐츠 그래프라고 부릅니다. 틱톡 이용자는 다른 이용자를 팔로잉하는 방식으로 콘텐츠를 소비하는 것이 아니라 자신의 취향Interest에 맞는 콘텐츠를 추천받습니다.

틱톡의 콘텐츠 그래프 기반 추천 알고리즘은 크리에이터로 성장하길 원하는 이용자에게 기회를 줍니다. 게다가 틱톡 알고리즘을 통해 확산되는, 신규 이용자가 제작한 영상의 바이럴 가능성은 브랜드에도 매력적입니다.

틱톡의 숏폼 영상은 세로형 풀 스크린 형식이 주는 매력 외에도 또 다른 매력을 가지고 있습니다. 테크 전문 저널리스트인 조시 콘스틴Josh Constine은 짧은 동영상이 매력적인 가장 큰 이유로 콘텐츠 밀도Content Density[92]를 꼽습니다.

그는 짧은 동영상을 미니 엔터테인먼트Mini Entertainment라고 했습니다. 아울러 동영상 길이가 짧다는 것은 창작자가 이용자의 관심과 인정을 받을 수 있는 시간이 짧다는 뜻이며, 이 시간이 짧을수록 창작자는 영상 초반에 더 많은 창작력을 집중할 수밖에 없고, 그 결과 짧은 영상이지만 매우 매력적인 콘텐츠를 만들 수 있다고 말합니다. 조시는 창작력의 집중을 콘텐츠 밀도라 부르고,

---

92. https://bit.ly/3tj4YeM

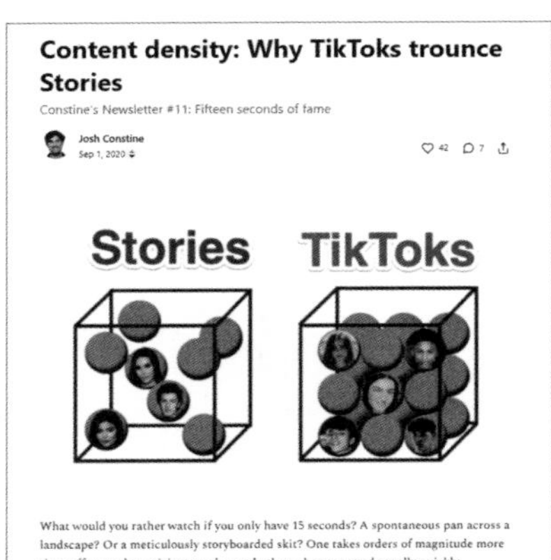
Content density: Why TikToks trounce Stories

Constine's Newsletter #11: Fifteen seconds of fame

Josh Constine
Sep 1, 2020

What would you rather watch if you only have 15 seconds? A spontaneous pan across a landscape? Or a meticulously storyboarded skit? One takes orders of magnitude more time, effort, and creativity to make, yet both can be consumed equally quickly.

조시 콘스틴이 표현한 페이스북 스토리즈와 틱톡의 콘텐츠 밀도.

짧은 동영상은 이 콘텐츠 밀도가 높다고 평가합니다.

나아가 숏폼 동영상은 스마트폰으로 촬영하고 스마트폰으로 편집한다는 특징을 가지고 있습니다. 또한 크리에이터가 스마트폰이라는 매우 사적인 기기에 직접 등장할 때 이용자는 크리에이터와 보다 강한 친밀감을 느낍니다. 이런 맥락에서 틱톡 이용자는 화려한 촬영 및 편집 기술보다 영상에 출연한 크리에이터의 진정성에 더 높은 가치를 부여합니다.

이렇듯 숏폼 영상은 창의성과 진정성 측면에서 전통적인 영상이나 일반 유튜브 영상과 차이가 있습니다. 인스타그램에서 인플루언서라고 부르는 팔로워가 많은 이용자를 틱톡에서는 크리에이터라고 명명한 이유도 숏폼 영상의 특징인 창의성과 진정성 때문입니다. 인플루언서와 크리에이터를 구별하는 것은 매우 중요합니다.

틱톡에서는 창작자도 중요하지만 이보다 어떤 콘텐츠인가, 어떤 창의성이 있는가, 듀엣 및 이어 찍기 등 다른 이용자의 영상 참여를 유인하는 요소는 무엇인가 등이 더욱 중요합니다. 이용자 사이의 관계가 주요 매개로 기능하는 페이스북이나 인스타그램과 달리 틱톡은 숏폼 영상의 창의성이 가장 중요한 콘텐츠 플랫폼입니다. 추가적으로 숏폼 영상에서는 음악이 무엇보다 중요합니다. 음악 선곡 또는 브랜드가 직접 생산한 음악이 틱톡 마케팅 성과에 큰 영향을 주기 때문입니다.

콘텐츠 플랫폼으로서 틱톡의 폭발적 성장과 숏폼 영상의 대중화는 콘텐츠가 브랜드 전략의 중심에 서야 함을 의미합니다. 광고 또한 숏폼 영상의 문법을 따라야 합니다. 틱톡에서는 이른바 콘텐츠 마케팅과 틱톡 광고의 간격이 사라지고 있습니다. 틱톡 광고의 효율성을 높이는 방법은 틱톡 광고 영상을 별도로 제작하는 것이 아니라, 유기적 도달에서 효과를 보이는 브랜드 계정 영상에 광고 예산을 집행하는 것입니다.

틱톡이 가져온 소셜 미디어의 구조적 변화

틱톡은 2가지 측면에서 소셜 미디어의 구조적 변화를 가져오고 있습니다.

첫째, 틱톡은 세로 형식의 숏폼 영상이 앞으로 수년간 지배적인 콘텐츠 포맷으로 작동하도록 만들었습니다. 브랜드 입장에서 틱톡 계정 및 틱톡 영상에 대한 투자는 틱톡뿐 아니라 유튜브, 인스타그램, 페이스북 등 다양한 소셜 미디어 플랫폼에서 브랜드 수용성을 높일 수 있도록 합니다.

둘째, Z세대 커뮤니케이션의 차별점이 틱톡을 통해 강하게 드러나고 있습니다. 틱톡에는 다양한 세대가 모여 있지만, 그 중심에 모바일 네이티브 세대인 Z세대가 있음은 분명합니다. 그 때문에 브랜드는 틱톡을 통해 Z세대와 대화하는 방법을 배울 수 있습니다. 틱톡에서 브랜드의 자화자찬은 작동하지 않습니다. 대신 이용자에게 재미와 영감을 선사하는 방식으로 다가간다면 이를 거부할 가능성은 매우 작습니다. 브랜드는 틱톡이 단순히 보고 즐기는 플랫폼이 아니라 이용자가 직접 찍고 편집한 영상을 공유하며 즐기는 플랫폼이라는 것을 반드시 기억해야 합니다. 틱톡 바이럴의 핵심은 이어 찍기, 듀엣 찍기 등 틱톡 이용자가 오리지널 콘텐츠에 참여해 2차, 3차, 4차 그리고 n차 콘텐츠를 만드는 데 있습니다.

페이스북의 틱톡화

틱톡은 소셜 미디어 피드 구성의 새로운 방법론을 제시했습니다. 틱톡은 피드 구조를 이용자 개인과 틱톡 AI사이의 상호작용으로 대체했습니다. 2022년 4월 27일 유출된 페이스북 내부 문서에 따르면[93] 페이스북은 틱톡의 추천 방식을 전면 수용해 뉴스 피드 구성을 변화시키는 프로젝트를 진행 중이었습니다. 이는 2006년 페이스북에 뉴스 피드를 도입한 이후 가장 큰 변화입니다.

그동안 메타의 마크 저커버그는 아래와 같이 적절한 시기에 훌륭한 인재를 영입하거나 경쟁 기업을 인수하는 방식으로 페이스북을 거대한 기업으로 발전시켜왔습니다.

- 페이스북의 수익 모델이 부재할 때 저커버그는 구글에서 셰릴 샌드버그Sheryl Sandberg를 모셔옵니다.
- 데스크톱 시대에 시작한 페이스북은 초기 모바일 트렌드를 놓치고 맙니다. 저커버그는 실리콘밸리에서 뛰어나다고 평가받는 iOS 개발자 및 안드로이드 개발자를 대거 영입합니다.
- 모두가 사진 앱을 사용하기 시작합니다. 저커버그는 10억 달러

93. https://bit.ly/3l9qb29

를 들여 인스타그램을 인수합니다.

- 모두가 메신저 앱 이용에 푹 빠져 있습니다. 저커버그는 왓츠앱을 160억 달러에 인수합니다.
- 스냅챗이 스토리즈로 인스타그램에 치명적 상처를 입힙니다. 저커버그는 스냅챗이 인수를 거부하자 100% 똑같은 스토리 기능을 인스타그램과 페이스북에 도입합니다.
- 틱톡의 숏폼 동영상이 폭발적 인기를 얻으며 세계 주요 소셜 미디어로 성장합니다. 저커버그는 릴스라는 숏폼 영상 서비스를 인스타그램과 페이스북에 통합 서비스하며 스냅챗과 벌였던 경쟁을 이번에는 틱톡과 다시 한번 하려 합니다. 그러나 릴스는 아직까지 이렇다 할 성과를 내지 못합니다.
- 저커버그는 숏폼 영상이라는 형식도 중요하지만 틱톡의 추천 알고리즘이 더 결정적 역할을 하고 있음을 깨닫습니다. 2022년 저커버그는 페이스북의 피드 구성 원칙을 틱톡과 동일한 방식으로 재편하려 합니다.

메타에서 페이스북 서비스를 총괄하고 있는 톰 앨리슨Tom Alison이 페이스북 직원에게 보낸 문서[94]를 분석해보면, 앞으로 페이

94. 이 문서를 입수해 2022년 6월 15일 최초로 분석·보도한 곳은 〈더 버지The Verge〉이다. https://bit.ly/3ywkuYV

스북이 어떤 모습으로 변화할지 예측할 수 있습니다.

새로운 피드는 다음의 4가지 전략 기둥Four Durable Strategic Pillars 위에 세워집니다.

① 흥미로운 콘텐츠를 찾고 즐기고 만들자(Find, enjoy and create interesting content) → 이용자가 재미있어할 콘텐츠, 중독성 강한 콘텐츠를 제공해서 그들이 페이스북을 더욱 자주 찾고 페이스북에 더욱 오래 머물게 하자!

② 이용자의 관계를 강화시키자(Strengthen their relationships) → 페이스북 메신저를 별도 서비스가 아닌 페이스북에 재통합시키자. 페이스북 메신저만 이용하는 경우는 막아야 한다!

③ 크고 작은 커뮤니티를 만들게 하자(Create communities-both big and small) → 페이스북 그룹 이름을 커뮤니티로 바꾸고, 이용자가 다양한 커뮤니티에 쉽게 참여할 수 있도록 유도하자.

④ 경제적 기회를 놓치면 안 된다(Realize economic opportunities) → 광고 비즈니스를 처음부터 집행하자. 애플 때문에 광고 매출이 크게 줄고 있어 이를 만회하는 것은 절박한 문제다.

톰 앨리슨은 이 4가지 기둥을 만드는 과정에서 가장 먼저 처리해야 할 3가지 일Priorities을 다음과 같이 제시합니다.

① 릴스의 성공이 무엇보다 중요하다(Make reels successful) → 릴스를 지금보다 더 중요한 위치에 더 많이 제공하자. 이용자가 릴스를 더 많이 만들 수 있도록 다양한 금전적 지원 방안을 마련하자.

② 세계 최고의 추천 알고리즘을 만들자(Build world class recommendations technology) → 틱톡 추천 알고리즘의 작동 원리를 열심히 연구해서 가능하다면 틱톡과 똑같은 수준의 추천 알고리즘을 만들자.

③ 메신저/채팅 공유를 가능하게 하자(Unlock messaging-based sharing) → 틱톡처럼 콘텐츠를 페이스북 메신저나 채팅에 보다 쉽게 공유하게끔 하자.

페이스북뿐만 아니라 모든 소셜 미디어 서비스의 성공 여부는 이용자가 관심 갖는 콘텐츠를 얼마나 정확하게, 효과적으로 추천하는가에 달려 있습니다. 이를 위해 페이스북은 다양한 데이터를 수집하고 이를 소셜 그래프를 통해 추천합니다. 페이스북 이용자의 친구가 공유한 콘텐츠가 피드에서 가장 높은 우선순위를 지닙니다.

반면 틱톡은 이용자 관계보다 개별 이용자가 보인 특정 콘텐츠에 대한 관심에 더 높은 우선순위를 부여합니다.

이렇게 이용자 관계가 아니라 개별 이용자의 콘텐츠 선호도에 따른 피드 추천을 페이스북은 '연결되지 않은 추천Unconnected Recommendations'이라 일컫습니다. 앞으로 개편되는 페이스북 피드에서는 이 연결되지 않은 추천을 우선적으로 보여줄 것으로 예상합니다.

기업과 브랜드가 운영하는 페이스북 페이지도 변화하는 추천 방식에 영향을 받을 수밖에 없습니다. 자연스럽게 페이스북 마케팅과 페이스북 광고 상품에도 엄청난 변화가 일어날 것입니다.

그렇다면 변화한 페이스북 피드는 어떤 모습일까요?

위의 〈더 버지〉 기사는 다음과 같이 묘사합니다.

"페이스북 메인 탭 상단은 스토리와 릴스로 구성될 것이다. 이어서 페이스북의 새로운 알고리즘이 페이스북과 인스타그램에서 찾은 재미있는 콘텐츠가 그다음에 위치할 것이다. 이 영상 콘텐츠는 보다 시각적이고 강력한 영상 경험을 선사하고, 친구에게 바로 메시지를 보내고 싶을 만큼 강력한 매력을 지닌 콘텐츠일 것이다."[95]

95. The main tab will become a mix of Stories and Reels at the top, followed by posts its discovery engine recommends from across both Facebook and Instagram. It'll be a more visual, video-heavy experience with clearer prompts to direct message friends a post.

이렇게 작동할 페이스북의 새로운 추천 알고리즘 개발은 언뜻 크게 어렵지 않아 보입니다. 하지만 페이스북의 변화는 3가지 큰 도전을 내포하고 있습니다.

① 페이스북이 얼마나 완벽하게 틱톡의 추천 알고리즘을 복사할 수 있을지 의문입니다. 틱톡의 추천 알고리즘이 가능한 전제 조건 중 하나는 숏폼 영상입니다. 틱톡 알고리즘은 매우 짧은 영상을 보고 넘기는 이용자 행위를 매우 빠른 시간 안에 분석합니다. 또한 창작자는 30초 안에 이용자의 관심을 얻기 위해 매우 밀도 높은 창작력을 쏟아붓습니다. 이러한 창의성 높은 짧은 길이의 영상이 풍부해야 추천 알고리즘은 제 기능을 할 수 있습니다.

② 이런 다양하고 풍부한 숏폼 영상을 페이스북이 어떻게 확보할 것인지가 큰 숙제입니다. 페이스북과 인스타그램 창작자가 틱톡 수준의 영상을 만들 수 있도록 동기부여를 해줘야 합니다. 그나마 인스타그램에서는 숏폼 영상인 릴스를 제작할 수 있지만, 페이스북에서는 이런 활동이 잘 일어나지 않습니다. 특히 젊은 창작자는 페이스북 계정이 없거나 휴면 상태인 경우가 많습니다.

③ 마지막 과제는 균형입니다. 페이스북 서비스의 핵심은 사람과 사람을 연결하는 것입니다. 반면 틱톡에서는 굳이 친구 관계가

필요 없습니다. 페이스북은 자신의 장점인 소셜 그래프를 모두 버리지는 않을 것입니다. 페이스북이 비연결 추천과 연결 추천의 균형을 이루어낼 수 있을지가 관건입니다.

페이스북이 자사의 알고리즘에 대대적인 변화를 가져올 만큼 틱톡은 소셜 미디어 생태계에 근본적 변화를 불러오고 있습니다. 이 흐름은 인스타그램으로, 유튜브로 확산할 가능성이 높습니다.

틱톡 마케팅 문법에 대한 이해와 틱톡 마케팅을 통한 성공 경험은 브랜드가 소셜 미디어 마케팅 전반에서 의미 있는 성과를 낼 수 있는 새로운 출발선임을 잊지 마시기 바랍니다.

헤매는 브랜드 마케터를 위한 실행 가이드

당장 써먹는 틱톡 마케팅

초판 1쇄 인쇄 2022년 7월 8일
초판 1쇄 발행 2022년 7월 18일

지은이 강정수
펴낸이 황윤정
펴낸곳 이은북
출판등록 2015년 12월 14일 제2015-000363호
주소 서울 마포구 동교로12안길 16, 삼성빌딩B 4층
전화 02-338-1201
팩스 02-338-1401
이메일 book@eeuncontents.com
홈페이지 www.eeuncontents.com
인스타그램 @eeunbook

책임편집 황윤정
편집 임진아
교정 김한주
디자인 이미경
마케팅 황세정, 윤유정
인쇄 스크린그래픽

ISBN 979-11-91053-15-9 (13320)

- 이은북은 이은콘텐츠주식회사의 출판브랜드입니다.

- 책 값은 뒤표지에 있습니다.
- 잘못된 책은 구입하신 서점에서 바꾸어 드립니다.